Siegfried Zimmer · Georg Schützler

Nachteulen-Gottesdienste

Siegfried Zimmer
Georg Schützler

Nachteulen-Gottesdienste

Spirituelle Angebote für Kirchenferne

Kreuz

Inhalt

Vorwort

Wir leben in einer Zeit, in der die Beziehungen der Menschen zu den christlichen Kirchen abnehmen, das Interesse an religiösen Fragen aber zunimmt. Auf der Frankfurter Buchmesse war in den letzten Jahren fast jedes dritte Buch einem religiösen Thema gewidmet – wobei der Begriff »religiös« dabei sehr weit gefasst ist. Das ist gegenüber den vorausgegangenen Jahren ein deutlicher Anstieg. Immer mehr Menschen kommen zu der Überzeugung, dass die Beantwortung der großen Sinnfragen nicht von der Wissenschaft, der technischen Entwicklung, dem gesellschaftlichen Wohlstand und dem persönlichen beruflichen Erfolg – so wertvoll diese Dinge sind – zu erwarten ist. Die großen Sinnfragen lauten: Wer bin ich? Wofür lebe ich? Wovon lebe ich? Woher stammt die Kraft zum Vertrauen und zur Liebe? Was vermag zu helfen in Sorge, Angst und Leid? Gibt es eine Hoffnung für mich und alles Leben, auch über den Tod hinaus? Gehört zur Wirklichkeit eine unsichtbare Dimension, die der Mensch nicht erforschen kann? Wie wichtig ist diese Dimension? Gibt es Gott? Was kann man über ihn wissen? Kann ich ihn erfahren? Inwiefern ist das Leben ein großes Geheimnis? Hängt das Geheimnis des Lebens mit dem Geheimnis Gott zusammen?

Zunehmend mehr Menschen werden von Fragen dieser Art bewegt. Sie wollen solche Fragen nicht länger ausklammern. Sie spüren, dass sie sich sonst selbst ärmer machen würden. Das gestiegene Interesse an den genannten Fragestellungen kommt allerdings den etablierten Kirchen nicht mehr ohne weiteres zugute. In den letzten Jahrzehnten hat sich eine breite religiöse Szene außerhalb der Kirchen entwickelt. Diese Entwicklung hat ihre tieferen, gewachsenen Gründe. Es kommen dabei mehrere Faktoren zusammen: das abnehmende gesellschaftliche Gewicht und die schwächer gewordene Integrationskraft der Kirchen, die oft zu geringe Lebensnähe der kirchlichen Verkündigung und Gottesdienste, die Konkurrenzangebote der Medien, der Unterhaltungs- bzw. Freizeitkultur. Das vorliegende Buch nimmt die Gründe für diese Entwicklung ernst und sieht in ihr eine Herausforderung und Chance. Denn wie sich zeigt: Die großen Sinnfragen und der religiöse Hunger bleiben und melden sich in neuer Gestalt.

Wir, die Autoren dieses Buches, verstehen uns als Christen. Unsere berufliche Tätigkeit spielt sich vor allem im Kontext der evangelischen Kirche ab, der wir uns verbunden fühlen. Andererseits sehen wir uns unterwegs auf einer langen Wanderung, bei der wir uns von kirchlichen Traditionen – bei allem Respekt vor der Tradition – nicht eingrenzen lassen möchten. Mit diesem Buch wenden wir uns an Menschen, die in religiösen Dingen erstmalig oder erneut ins Fragen gekommen sind, sei es innerhalb oder außerhalb der Kirchen. Und denjenigen, die sich für Religion bisher nicht interessiert haben, wollen wir Appetit machen. *Innerhalb* der Kirchen haben viele Menschen begonnen, neu und unkonventionell nach den Wurzeln, der Glaubwürdigkeit und der Alltagsbedeutung des christlichen Glaubens zu fragen. *Außerhalb* der Kirchen sind viele Menschen auf einer religiösen Erkundungsreise. Sie suchen nach Erfahrungen, die sie ernähren und inspirieren, nach Einsichten, die sie überzeugen und nach Formen, die zu ihnen passen. *Beiden* Gruppen möchten wir mit diesem Buch Anregungen und Perspektiven bieten.

Das vorliegende Buch verdankt seine Entstehung den »Nachteulen-Gottesdiensten« in der Friedenskirche in Ludwigsburg. Es erscheint zum fünfjährigen Bestehen der Nachteulen-Gottesdienste im Oktober 2001. Bei den Nachteulen-Gottesdiensten handelt es sich um Abendgottesdienste in neuer Gestalt, die monatlich stattfinden. Die Gottesdienste dauern bis zu zwei Stunden und werden durchschnittlich von etwa tausend Menschen besucht. Viele von ihnen gehen sonst eher selten oder überhaupt nicht in die Kirche.[1] Inzwischen haben die Nachteulen-Gottesdienste an mehreren Orten zu ähnlichen Initiativen geführt. Diese Initiativen greifen Grundmerkmale der Nachteulen-Gottesdienste auf und ändern sie je nach den örtlichen Gegebenheiten ab. Alle Beiträge dieses Buches waren Bestandteil der Ludwigsburger Nachteulen-Gottesdienste. *Insofern bietet das Buch praxiserprobte Modelle zur Durchführung von Nachteulen-Gottesdiensten bzw. ähnlicher alternativer Gottesdienste.* Selbstverständlich sind die Beiträge dieses Buches aber auch unabhängig von den Nachteulen-Gottesdiensten aus sich selbst heraus verständlich und auch unabhängig von einer gottesdienstlichen Umsetzung mit Gewinn zu lesen.

1 An der Ev. Fachhochschule Reutlingen-Ludwigsburg wurde im Frühjahr 2001 eine Diplomarbeit über die Nachteulen-Gottesdienste geschrieben, die u.a. die Zusammensetzung und den weltanschaulichen Hintergrund der Zuhörerschaft untersucht.

Die Nachteulen-Gottesdienste setzen sich aus drei Elementen zusammen: 1. Eine *körperbezogene, meditative Liturgie* (ohne Talar), die die Sinne der Menschen anspricht und sowohl eine spirituelle Konzentration ermöglicht als auch spontane Ausdrucksformen. Die Gottesdienstbesucher/innen sollen Zeit und Gelegenheit erhalten, ruhig zu werden, auf ihre Innenwahrnehmung zu achten und die eigene Phantasie zu aktivieren.[2] 2. Eine *reichhaltige popularmusikalische Gestaltung* (ohne Orgel und Gesangbuch). Der musikalische Gestaltungsraum reicht vom Volkslied und Chanson über neuere und ältere geistliche Lieder bis zur Popmusik und gelegentlichen klassischen Einlagen. Auf diese Weise soll der Gottesdienst auch Unterhaltungswert erhalten.[3] 3. *Vorträge zu Grundfragen der Religion, des Glaubens und des Lebens*. Diese Redebeiträge sind weniger Predigten als vielmehr Vorträge *im Sinne der Erwachsenenbildung*. Die 40-45-minütigen Vorträge sind wissenschaftlich fundiert. Sie wollen aber nicht nur informieren, sondern auch existenziell ansprechen und für ein breites Publikum gut verständlich und kurzweilig sein.

Der größere Teil des vorliegenden Buches besteht aus sechs Vorträgen dieser Art und einer Erzählung. Bei diesen Vorträgen handelt es sich um sechs Interpretationen zentraler Texte der Bibel. Diese Interpretationen erörtern sowohl Details der jeweiligen Texte als auch insbesondere die dort angesprochenen *grundsätzlichen* Lebens- und Sachfragen, die sich uns auch heute noch täglich stellen. Ziel der Vorträge ist es, dass sie zu überraschenden und erfreulichen Einsichten führen, möglichst so überraschend und erfreulich, wie der christliche Glaube eben ist.

Die ersten beiden Vorträge beziehen sich auf das Alte Testament. Sie widmen sich der Erzählung von Adam und Eva (Genesis 2-3). Diese Erzählung gehört zu den wichtigsten Texten der Bibel. Sie enthält viele grundlegende biblische Aussagen über den Menschen. Der Verfasser der Erzählung wollte etwas zum Ausdruck bringen, das für

2 Näheres zur Entstehungsgeschichte und zur Gestaltung der Nachteulen-Gottesdienste können sie folgendem Buch entnehmen: Georg Schützler; Siegfried Zimmer, Wohin gehen Nachteulen? Argumente, Geschichten und Phantasien für Gottsucher und solche, die es werden könnten, Stuttgart/Gütersloh 1998. Dieses Buch enthält auch acht Vorträge und Liturgien aus der Anfangszeit der Nachteulen-Gottesdienste.

3 Die musikalische Gestaltung der Ludwigsburger Nachteulen-Gottesdienste liegt in den Händen von Michael Schütz (Keyboard und Arrangements), Dozent für Popularmusik an der Hochschule für Kirchenmusik Tübingen, Beate Schütz (Querflöte und Blockflöten) und Hans-Martin Sauter (Oboe und Leitung des Gesangs).

alle Zeiten und Kulturen gültig ist. Die anderen vier Vorträge gelten Texten aus dem Neuen Testament. Im Mittelpunkt dieser Vorträge steht die Person, auf die es im christlichen Glauben ankommt: Jesus aus Nazareth. Es geht zunächst um die Haltung Jesu gegenüber Kindern. An dieser Haltung lässt sich viel über den Mann aus Nazareth erkennen. Zwei Vorträge interpretieren jeweils ein Gleichnis Jesu. Für die Lehrweise Jesu waren Gleichnisse typisch. In ihnen können wir nachvollziehen, mit welchen Augen er die Dinge gesehen hat. Der letzte Vortrag behandelt das Thema »Abendmahl«. Das Abendmahl ist insofern von besonderem Interesse, als es sich um den einzigen »Ritus« handelt, zu dem Jesus selbst den Anstoß gegeben hat. Worin liegt seine Bedeutung?

Den sechs Vorträgen schließt sich die Erzählung »Zlateh die Geiß« des jüdischen Schriftstellers und Nobelpreisträgers Isaac Singer (1904-1991) an. Ich habe diese Erzählung für das *mündliche* Vortragen stilistisch leicht überarbeitet. Außerdem habe ich ihr eine Einführung und eine kurze Interpretation beigefügt. »Zlateh die Geiß« gilt als eine der schönsten Erzählungen Isaac Singers. Für mich ist es seine schönste.

Initiator der Nachteulen-Gottesdienste ist Georg Schützler. Er ist seit 1994 Pfarrer an der Friedenskirche in Ludwigsburg. In seinen Händen liegt die liturgische Gestaltung und die Gesamtvorbereitung der Gottesdienste. Es ist ihm wichtig, die Gottesdienstbesucherinnen und -besucher in einem spirituellen Prozess auf das Vortragsthema hinzuführen und nach dem Vortrag Möglichkeiten zur Verarbeitung bereitzustellen. Sie finden deshalb in diesem Buch vor den jeweiligen Vorträgen Meditationen, Phantasiereisen oder Körperübungen. Nach den Vorträgen folgen Rituale, Gebete oder Segenstexte. Diese den Vorträgen vorausgehenden und nachfolgenden meditativen Texte und Übungen hat – wenn nicht anders angegeben – Georg Schützler verfasst.

Bei Zitaten aus der Bibel verwenden wir die üblichen Abkürzungen für die biblischen Bücher. Eine Liste dieser Abkürzungen finden Sie am Ende des Buches. Die Übersetzungen der Bibeltexte, auf die sich die Vorträge beziehen, folgen nicht durchgehend einer bestimmten Bibelübersetzung. Einzelne Wendungen, bei denen es auf größtmögliche Genauigkeit ankam, habe ich selbst aus dem Hebräischen oder Griechischen übersetzt. Im Übrigen habe ich mich bei den Übersetzungen um ein flüssiges Deutsch bemüht. Für fachlich und geschichtlich Interessierte biete ich in den Anmerkungen nicht nur Hinweise auf die Quellen, sondern auch zusätzliche Hintergrundinformationen. Wer zügig lesen will, kann diese Anmerkungen überspringen. Unsere Leserinnen bitten wir um Verständnis dafür, dass wir aus Gründen der Einfachheit bei den meisten Formulierungen auf das ausdrückliche Nennen beider Geschlechter verzichtet haben. Für das Anfertigen der Vortragsmanuskripte bedanke ich mich herzlich bei Christina Lauer.

Ludwigsburg, im Sommer 2001 *Siegfried Zimmer*

Der Garten Eden – Symbol des Lebens

Genesis 2, 8-9

Einstimmung

Der alte Mann hatte den größten Teil seines Lebens auf einer Insel verbracht, die als eine der schönsten Inseln der Welt galt, mit einer Landschaft, gestaltet wie ein traumhafter Garten.

Nun war er zurückgekommen auf das Festland, um nach seiner Pensionierung in einer Großstadt zu leben. Da sagte jemand zu ihm: »Es muss ja herrlich gewesen sein, so viele Jahre auf dieser paradiesischen Insel gelebt zu haben, auf dieser Insel, die zu den großen Wundern dieser Welt zählt.« Der alte Mann dachte ein wenig nach und sagte dann: »Um ehrlich zu sein, wenn ich gewusst hätte, dass diese Insel so berühmt und schön ist, dann hätte ich sie mir auch angesehen.« *Anthony de Mello*

So etwas nennt man eine verpasste Gelegenheit oder am Leben vorbeigelebt.

Wieviel nehmen wir modernen Stadtmenschen, eingepfercht zwischen Asphalt, Beton, Computerschirm und Fernsehen, noch von der faszinierenden Schönheit und Vielfalt der Schöpfung wahr? Hat dieser zunehmende Mangel an Schöpfungswahrnehmung nicht auch zunehmende Tristheit in der Seele zur Folge? Statt blühender Landschaften in der Innenwelt eine sich ausdehnende Einöde und Wüste.

Biblischer Bezug

Das Motiv von der Gartenlandschaft in der Seele finden wir in einem Prophetenwort der hebräischen Bibel wieder: »Ihr werdet wie ein Garten sein, der immer genug Wasser hat, und wie eine Quelle, die niemals versiegt (Jesaja 58,11).« Gibt es hier etwa einen ursächlichen Zusammenhang, dass da, wo wir uns mit Liebe und Achtsamkeit der Schöpfung zuwenden, auch unsere Seelenlandschaft wieder zu einem prachtvollen Garten erblüht?

Es gibt zwei Bereiche der Schöpfung, die einander entsprechen:

Auf der einen Seite unsere Sinnesorgane, besonders die Augen, die Nase, die Haut sowie die schmeckende Zunge, und auf der anderen Seite der Garten mit allem, was dazugehört, vom Stiefmütterchen über den Kürbis bis hin zur Eiche samt Gemüse, Obst und allem anderen, was ein Garten hervorzaubern kann.

Der Garten wirkt, als sei er für unsere Sinnesorgane geschaffen, und die Sinnesorgane wirken, als seien sie zur Wahrnehmung des Gartens geschaffen. Deshalb gibt es das Wort vom Lustwandeln im Garten. In der Tat, nur weniges ist schöner als mit wachen Sinnen durch einen blühenden, prallen, früchtetriefenden Garten zu wandeln. Ein Freudenfest für die Augen, für die Nase und für die Zunge.

• Meditative Fantasieübung

Einladung zu einer meditativen Annäherung an den Geschmack einer Orange mit einem abschließenden Gebet. Eine Duftlampe mit Orangenöl kann hier eine wertvolle Ergänzung zur Meditation sein.

Nehmen Sie eine bequeme Sitzhaltung ein, möglichst mit gerader Wirbelsäule, wobei Sie Ihre Hände entspannt auf Ihren Oberschenkeln ablegen ... Beginnen Sie etwas tiefer als gewöhnlich zu atmen und ziehen Sie die Luft beim Atmen durch die Nase ein ... Bemerken Sie die Gerüche, die Sie gerade in Ihrer Umgebung wahrnehmen, und achten Sie darauf, ob es in Ihrem Raum einen Grundduft gibt ...

Stellen Sie sich vor, dass Sie vor einem kleinen, kräftigen Orangenbaum stehen, an dem viele Früchte hängen ... Sie wählen eine Orange aus und pflücken sie ... In der Hand haltend sehen Sie die vielen kleinen Poren in der Orangenschale ... An dem einen Ende der Orange sehen Sie den Stiel und am anderen Ende den kleinen, nach innen gebogenen Nabel der Frucht ... Halten Sie nun die Orange in beiden Händen und spüren Sie ihre Kugelform ... Streichen Sie mit den Fingerspitzen leicht über die Haut der Orange. Spüren Sie die kleinen Unebenheiten und bemerken Sie auch den zarten, intensiven Duft des Orangenöls, welches durch Ihre Berührung freigesetzt wird ... Nun können Sie in Ihrer Phantasie beginnen, die Orange zu schälen. Benutzen Sie dabei kein Messer, sondern ziehen Sie die Orangenschale mit den Fingern ab. Vielleicht beginnen Sie da, wo der Stiel der Orange zu finden ist ... Spüren Sie den Widerstand der Orangenschale und bemerken Sie, wieviel Kraft Sie brauchen um durch die Schale hindurchzudringen, um ein erstes Stück Orangenschale abzuziehen ... Beim weiteren Abziehen der Schale beobachten Sie, wie die kleinen Zellen auf der Oberfläche aufplatzen, zum Teil richtig spritzen und der Duft des Orangenöls intensiv in Ihre Nase steigt ... Langsam haben Sie es geschafft, die ganze Schale abzuziehen. Und nun kommt der Augenblick, bei dem Sie die Orangenkugel in zwei Hälften auseinanderbrechen, wobei Sie die zarte Haut entdecken, die die einzelnen Orangenstücke voneinander teilt ... Ziehen Sie das erste saftige Fruchtfleischstück ab und schieben es ganz genüsslich in Ihren Mund ... Schmecken Sie den frischen Saft und bemerken Sie dabei, wie Ihnen das Wasser im Mund zusammenläuft ... Schon sind Sie dabei, das zweite Stück abzutrennen und in den Mund zu schieben ... Beim dritten Stück beißen Sie mit den Vorderzähnen ein Teil von einem Orangenstück so ab, dass Sie aus dem Reststück den Saft saugen können, um mit vollen Zügen den Geschmack der Orange genießen zu können ... Das vierte Stück ist seitlich etwas eingerissen, sodass etwas Saft über Ihre Finger läuft. Dabei nehmen Sie noch intensiver das Aroma des Orangensaftes wahr ... Nun essen Sie in Ihrer Phantasie weiter, Stück für Stück, bis Sie die Orange ganz verzehrt haben ...

Nach dem Essen stellt sich bei Ihnen ein Gefühl von Dankbarkeit ein. Sie finden es einfach großartig, Sinnesorgane zu haben, die alles, was die Natur zu bieten hat, riechend, sehend, schmeckend und fühlend wahrnehmen ...

• Gebet während der Meditation

Guter Gott, wir danken dir,
dass diese Welt ausgestaltet ist
mit Orangen, Äpfeln, Birnen, Ananas,
Pfirsichen, Bananen, Weizen, Karotten
und tausenderlei anderen Früchten und Pflanzen.
Von dir, Gott, wird erzählt,
dass es deinem Willen
am Uranfang der Welt entsprach,
dass diese Erdkugel
ein bunter, faszinierender,
früchtetriefender Garten wird,
in dem wir Menschen uns wohlfühlen

und unsere Sinne voll auf ihre Kosten kommen.
Danke, Gott, für alles,
was wir nach wie vor
mit all unseren Sinnen
genießen dürfen und können.
Amen

Nun können Sie die Orangerie verlassen und langsam an den Ort zurückkehren, an dem Sie sich befinden.

Vortrag
Der Garten Eden – Symbol des Lebens. Eine Interpretation von Genesis 2,8-9

Dann pflanzte Jahwe Gott einen Garten in Eden gegen Osten und setzte den Menschen[4] hinein, den er geschaffen hatte. Und Jahwe Gott ließ vielerlei Bäume aus der Erde wachsen, verlockend anzusehen und gut zu essen. (Genesis 2,8-9)

1. Vorbemerkungen

Die zitierten zwei Sätze stammen aus dem Beginn der biblischen Erzählung von Adam und Eva (Gen 2,4b–3,24). Meines Erachtens sind diese beiden Sätze für die Religiosität und Spiritualität des Menschen von grundlegender Bedeutung. Die kirchliche Tradition hat diese Sätze nicht angemessen gewürdigt. Ich möchte deshalb in den Vorbemerkungen zunächst einige Gesichtspunkte für den hohen Stellenwert dieser beiden Sätze nennen und anschließend auf den Hauptgrund zu sprechen kommen, der ihrer angemessenen Würdigung im Wege stand. Zunächst zum Stellenwert der Sätze Genesis 2,8-9:

- Die beiden Sätze sind – wie die Erzählung von Adam und Eva insgesamt – Bestandteil der biblischen »Urgeschichte« (Gen 1-11). Diese Urgeschichte wurde nicht zufällig an den Anfang der Bibel

4 Im hebräischen Originaltext steht »und setzte adam hinein«. Das Wort »adam« ist im Hebräischen kein Eigenname, sondern eine Gattungsbezeichnung und bedeutet »Mensch«. Um das Missverständnis auszuschließen, es handle sich bei dem Wort »adam« um einen Eigennamen, ist es besser, nicht mit »Adam« zu übersetzen, sondern mit »Mensch«. In meinem Vortrag über diesen Bibeltext spreche ich allerdings hin und wieder auch von »Adam«.

gestellt. Sie ist wie ein Vorzeichen, unter dem alles andere gelesen werden soll. Die Urgeschichte behandelt Themen, die nach Auffassung ihrer Autoren für die ganze Menschheit gelten, für alle Epochen und Kulturen.

- Das »Hineinsetzen« des Menschen in den Garten ist der entscheidende Bezugspunkt der gesamten Erzählung von Adam und Eva. Die Eingangsverse (Gen 2,4b-7) führen auf diesen Bezugspunkt hin. Die Schlussverse (Gen 3,23-24) beziehen sich auf ihn zurück. Abgesehen von den Wörtern »Jahwe« und »Adam« ist das Wort »Garten« das häufigste Substantiv der Erzählung.
- Die folgenden Verse Gen 2,10-14 haben vor allem die Funktion, die Bedeutung der Aussagen in Gen 2,8-9 hervorzuheben. Anschließend ist dann nochmals vom Hineinsetzen des Menschen in den Garten die Rede (Gen 2,15). Das zeigt, wie wichtig dieser Vorgang ist.
- Die Verse Gen 2,8-9 erzählen von der *ersten* Tat Gottes nach der Erschaffung des Menschen. Gott pflanzt als erstes für den Menschen einen Garten und setzt den Menschen hinein. Die erste Tat Gottes ist etwas Besonderes und Grundlegendes. Alle weiteren Taten bauen auf ihr auf und hängen von ihr ab. Die Abfolge der Taten Gottes in dieser Erzählung ist sorgfältig überlegt.

Soweit einige Gesichtspunkte zum Stellenwert der beiden Verse Gen 2,8-9. Nun zum hauptsächlichen Grund für das lange Unterschätzen dieser beiden Verse in der Geschichte der christlichen Bibelauslegung. Er liegt darin, dass man das Nacheinander der Kapitel Genesis 2 und 3 als *zeitliches* Nacheinander verstanden hat. Damit rückte der Garten Eden in eine ferne Vergangenheit, die die Menschen »nach dem Sündenfall« (Gen 3,1-7) nicht mehr betrifft. Auf diese Weise wurde den Sätzen Genesis 2,8-9 jede aktuelle geistliche Bedeutung abgesprochen. Wichtig waren nur noch Genesis 3 und die folgenden Kapitel.

Bei den Kapiteln Genesis 2 und 3 geht es jedoch nicht um ein zeitliches Nacheinander. Die Reihenfolge der beiden Kapitel ist sachlich bedingt. D.h. *grundlegend* ist nicht die Schuld (Sünde) der Menschen und deren Folgen (Gen 3), sondern der gute Schöpferwille Gottes (Gen 2). Genesis 3 tritt nicht *an die Stelle* von Genesis 2, sondern tritt zu Genesis 2 *hinzu*. Beide Kapitel sind also gleich aktuell. Der Mensch erlebt das, wovon diese beiden Kapitel erzählen, stets *gleichzeitig*. Die beiden Kapitel schildern die zwei Seiten, die das Leben für jeden Menschen hat.

Das Leben des Menschen ist durch einen Zwiespalt gekennzeichnet. Einerseits ist das Leben wunderschön, andererseits aber auch furchtbar schwer. Alle Menschen erleben diesen Zwiespalt. Irgendwie muss jeder versuchen mit ihm fertig zu werden. Durch die Jahrhunderte hindurch haben Menschen gefragt: Warum ist das so? Warum kann das Leben nicht einfacher sein, eindeutiger? Diese Urfrage steht hinter der Erzählung von Adam und Eva. Die erste Hälfte der Erzählung (Gen 2) spricht von den schönen, die zweite Hälfte (Gen 3) von den bedrückenden Seiten des Lebens. Der Erzähler geht dabei sehr grundsätzlich vor. Er will in beiden Teilen der Erzählung die *entscheidenden* Aspekte herausstellen, die für alle Menschen und Zeiten gelten. In der ersten Hälfte ist von den guten Grundlagen des Lebens die Rede, die Gott selbst geschaffen hat. Diese Grundlagen tragen unser Leben und sind der Reichtum unseres Lebens. Wir können diese Grundlagen zu jeder Zeit erfahren, denn Gottes Schöpferwille und seine Schöpfungsrealität bleiben stets aktuell. Gottes Schöpferwille wird von der Schuld der Menschen nicht aufgehoben. Andererseits hat das Leben nicht nur diese gute Seite. Es ist auch durch die Schuld bzw. die Sünde des Menschen beschädigt und gestört. Von dieser Störung erzählt Genesis 3. Wir erleben in unserem Leben nicht nur Garten Eden, nicht nur Schöpfung. D.h. wir leben nicht *im* Garten Eden. Wir leben im Zwiespalt von Genesis 2 und Genesis 3.

In dieser Situation ist es gut, wenn wir uns zuerst mit Genesis 2 beschäftigen und erst danach mit Genesis 3. Das geschieht nicht, um die bedrückenden Seiten des Lebens zu verdrängen oder zu verharmlosen, sondern um ihnen besser gewachsen zu sein. Auf der Basis der von Gott geschaffenen Grundlagen können wir uns der Frage nach unserer Schuld besser stellen. Deshalb lohnt es sich zu fragen: Was hat Gott als Erstes getan, nachdem er den Menschen geschaffen hatte? Gerade die erste Tat Gottes sagt viel aus über Gott und über den Menschen. Was ist das für ein Gott, der mit einer Tat dieser Art beginnt? Wer ist der Mensch, dass Gott auf solche Weise mit ihm beginnt? Die beiden Verse geben also Hinweise im Blick auf zwei grundlegende Fragen: »Wer ist Gott?« und »Wer ist der Mensch?« Deshalb geht es im Folgenden zuerst um die Frage: Was lässt die erste Tat Gottes über Gott erkennen? Anschließend geht es um die Frage: Was lässt diese Tat Gottes über den Menschen erkennen?

2. Wer ist Gott?

Im Blick auf Gott stellt der Erzähler mit den beiden zitierten Versen klar: Gottes Interesse am Menschen hört mit der Erschaffung des Menschen nicht auf. Gott erschafft ihn nicht nur, er gibt ihm auch einen bestimmten Lebensrahmen. Der Mensch wird nicht lediglich »ins Dasein geworfen« (Sartre). Er wird nicht als »Findelmensch« ausgesetzt. Die beiden Verse schildern einen Gott, der sich um den Menschen bemüht, sich etliches für ihn einfallen lässt. Er »pflanzt einen Garten«. Er »setzt den Menschen hinein, den er geschaffen hatte«. Und er »lässt aufwachsen aus der Erde vielerlei Bäume, verlockend anzusehen und gut zu essen«. Bei dem allem handelt es sich um Aktivitäten Gottes. Nicht der erschaffene Mensch kommt auf diese Gedanken, sondern Gott stellt das alles für ihn bereit. An diesen Aktivitäten lässt sich ablesen, was für ein »Typ« Gott ist und wie er zum Menschen steht. Sein Handeln spricht für sich. Sein Tun spricht Bände. Es erzählt von der Zuwendungslust Gottes. An der Art und Weise, wie jemand für andere etwas bereitstellt bzw. vorbereitet, kann man viel erkennen. Es wird deutlich, inwieweit der oder die Betreffende mit dem Herz dabei ist. Die Verse erzählen von einem *bereitenden* Gott. Damit bringen sie einen Grundzug des biblischen Gottesverständnisses zum Ausdruck. Zu dessen Merkmalen gehört es, dass Gott mit Vorbereitungen für den Menschen beschäftigt ist. Auf diesen Grundzug des biblischen Gottesverständnisses möchte ich etwas näher eingehen, denn er gehört zum Kernbestand der biblischen Botschaft.

Die Rede vom bereitenden Gott ist die Konsequenz aus vielen Gotteserfahrungen. Es begann mit den Exoduserfahrungen, die zur Grundlage des biblischen Glaubens wurden. Als Gott in das Leben Abrahams trat, stellte er sich als jemand vor, der sich schon eine verheißungsvolle Zukunft für ihn ausgedacht und ihm ein Land bereitet hat, »das ich dir zeigen werde« (vgl. Gen 12,1-3). Das machte Abraham erwartungsvoll. Nur deshalb wollte und konnte er alles Bisherige verlassen. Auch als Gott den hebräischen Fronarbeitern in Ägypten zu Hilfe kam, hatte er ihnen schon eine Zukunft und ein Land bereitet, »ein schönes, weites Land, ein Land, wo Milch und Honig fließt« (Ex 3,8). Von da an ist und bleibt Gott in der Bibel der bereitende Gott. In einem Psalm heißt es: »Du bereitest mir einen Tisch im Angesicht meiner Feinde« (Ps 23,5). Eine der schönsten und wichtigsten Verheißungen des Alten Testaments lautet: »Und der Herr Zebaoth wird allen Völkern auf dem Berg Zion ein üppiges Mahl bereiten, ein Mahl mit dem besten Wein, mit Fleisch und Mark ... Und er wird auf diesem Berg die Hülle wegtun, mit der alle Völker umhüllt sind und die Decke, mit der alle Menschen bedeckt sind. Und er wird den Tod vernichten für immer« (Jes 25,6-8). Paulus zitiert für die korinthische Gemeinde aus einer jüdischen Schrift: »Was kein Auge gesehen und kein Ohr gehört und kein Herz des Menschen sich ausgedacht hat, das hat Gott denen bereitet, die ihn lieben« (1 Kor 2,9). Im Hebräerbrief steht: »Denn jedes Haus wird von jemandem bereitet. Der aber alles bereitet, ist Gott« (Heb 3,4). Und: »Darum schämt er sich nicht, ihr Gott genannt zu werden, denn er hat ihnen eine Stadt bereitet« (Heb 11,16). In einem Gleichnis Jesu lässt der Gastgeber den Geladenen ausrichten: »Kommt, es ist alles bereitet« (Lk 14,17). In einem anderen Gleichnis Jesu sagt der Weltenrichter zu denen, die sich der Notleidenden angenommen haben: »Ihr erbt das Reich, das schon vor Grundlegung der Welt für euch bereitet ist« (Mt 25,34). Und in den Abschiedsreden sagt Jesus zu seinen Jüngern: »Im Haus meines Vaters sind viele Wohnungen. Wenn es nicht so wäre, dann hätte ich es euch gesagt. Ich gehe hin, euch eine Bleibe zu bereiten. Dann komme ich wieder, um euch zu mir zu nehmen. Damit wo ich bin, auch ihr seid« (Joh 14,2-3). An der Lust, für andere etwas Schönes und Überraschendes zu bereiten, zeigt sich Gottes Wesen.

Als Erstes bereitet Gott in der Erzählung von Adam und Eva dem Menschen einen *Lebensraum*. Er gewährt Raum zum Leben. Dass unter den Völkern kein Friede ist, zeigt sich vor allem daran, dass ihre Geschichte durchzogen ist vom Kampf um Lebensraum. Viele Völker suchten und suchen neuen Lebensraum auf Kosten des Lebensraums anderer Völker. Sie »besetzen« den Lebensraum anderer. Viele wurden und werden in die Fremde vertrieben und ins Exil, wurden abgedrängt in Ghettos und Reservate. Die Flüchtlingsströme sind heute größer denn je. Aber auch das Leben der Einzelnen, der Gruppen, Parteien und Verbände besteht oft darin, sich gegenseitig den Platz streitig zu machen. Dem allen gegenüber gibt es aber auch die raum*schaffende* Kraft der Liebe. Rilke schreibt in einem Brief: »Liebende erzeugen sich unaufhörlich gegenseitig Raum und Weite und Freiheit.« Liebende können einander sagen: »Wo ich bin, da entsteht auch ein Ort für dich.« Die Liebe drängt den anderen nicht ab, sondern eröffnet ihm neue Räume. Genesis 2,8-9 ist ein grundlegendes Beispiel dieser raumschaffenden Kraft der Liebe. Wo Gott ist, da entsteht auch ein Ort für uns: »Damit wo ich bin, auch ihr seid«.

Gott schafft für den Menschen einen Lebensraum sehr spezifischer Art: *einen Garten.* Im damaligen Orient besaßen nur sehr reiche Menschen einen Garten. Der normale israelitische Bauer kannte lediglich Äcker voller Steine und Unkraut, die einem alles abverlangten. Überall im Orient ist das Wasser knapp. Das wenige Wasser muss für das genutzt werden, was notwendig ist: Trinkwasser für Mensch und Tier, Anbau der Grundnahrungsmittel. Ein Garten ist nicht notwendig. Er geht über das Notwendige weit hinaus. Wer damals davon hörte oder las, dass Gott für den Menschen als Erstes einen Garten pflanzte, dem musste sich die Frage stellen: »War das nötig? Musste das sein?« Für sparsam geprägte Menschen hat dieses Handeln Gottes geradezu etwas Provozierendes: »Muss es denn gleich ein Garten sein? Muss man dem Menschen solche Flausen in den Kopf setzen? Bekommt ihm das?« In der Tat, der Erzähler bringt unmissverständlich zum Ausdruck, dass Gott dem Menschen gegenüber nicht kleinlich oder sparsam ist. Gott ist großzügig. Es ist nicht seine Art, den Menschen kurz zu halten. Er will nicht, dass wir karg und mürrisch unser Dasein fristen. In einem Psalm steht der Satz: »Du schenkst mir voll ein« (Ps 23,5). Gott ist der ewig reiche Gott.

Die Nachbarvölker Israels erzählten ebenfalls von der Erschaffung der Welt und des Menschen. Auch in diesen – wesentlich älteren – Erzählungen ist von einem Garten die Rede. Allerdings ist dieser Garten stets der Wohnort der *Götter.* Die Götter wollen das Beste für sich. Den Menschen ist das Betreten des Gartens in der Regel verboten. Und wenn sie ihn betreten dürfen, dann nur zeitweilig, um die Gartenarbeit für die Götter zu erledigen. Nach getaner Arbeit müssen die Menschen den Garten wieder verlassen. Genießen können den Garten nur die Götter. In dieser Verwendung des Gartenmotivs spiegeln sich bittere Erfahrungen der Menschen: Wer herrscht, lässt andere für sich schuften. Wer oben ist, lebt auf Kosten der anderen. Die Mächtigen wären »schön blöd«, wenn sie es nicht so machen würden. Diese Alltagserfahrung übertrugen die Menschen auch auf ihre Götter. Das zeigt die ganze Skepsis der Menschen gegenüber ihren Göttern. Wir sind ja doch nur dazu da, den Interessen der Götter zu dienen. Wir sind »das Vieh« der Götter. Der Mensch, das ausgenutzte Wesen.

Im Vergleich zu diesen Weltentstehungserzählungen der altorientalischen Völker ist die biblische Erzählung vom Garten Eden etwas qualitativ Neues. In ihr arbeitet *Gott* für den Menschen! Auf *den* Gedanken war bis dahin niemand gekommen. Gott legt einen Garten an, damit *der Mensch* darin wohnen kann. Der Garten dient allein der Versorgung und Freude des Menschen. Für den Menschen ist das Beste gerade gut genug.[5] Diese auffallende Abweichung in der Verwendung des Gartenmotivs kann kein Zufall sein. Sie muss einen Grund haben. Der Grund liegt in einer qualitativ neuen Gotteserfahrung. Der Exodusgott, der die hebräischen Fronarbeiter aus dem Unterdrückungsapparat der ägyptischen Großmacht befreit hat (vgl. Ex 1–12), lässt nicht andere für sich arbeiten. Er lebt nicht auf Kosten der Menschen. Er unterdrückt nicht, sondern befreit. Von dieser Exoduserfahrung her erzählt der Autor dieser Erzählung die Erschaffung des Menschen anders als es bisher üblich war.

3. Wer ist der Mensch?

Was lässt die erste Tat Gottes über den Menschen und seine Bedürfnisse erkennen? Der Mensch braucht als Erstes einen Lebensraum bzw. einen Lebensrahmen. Er ist ein lokales, endliches Wesen. Deshalb benötigt er vor allem anderen eine Heimat, einen Ort der Zugehörigkeit, in dem er sich verwurzeln kann. Die Entfaltung des Menschen hat räumliche Voraussetzungen. Der Mensch kann sich diesen Lebensraum nicht selbst schaffen. Er findet ihn vor. Ohne die Möglichkeit zu »wohnen«, kann der Mensch nicht Mensch sein. Im Alten Testament ist über tausend Mal vom Wohnen die Rede. Wohnen meint einen Ort zu haben, wo ich hingehöre, mich zu Hause fühle, geborgen bin, zur Ruhe finde. Wohnen ist das Gegenteil eines ruhelosen, unsteten Umhergetriebenseins (vgl. das Schicksal Kains in Gen 4,12-14). Das Wohnen gehört zu den großen Integrationskräften des Lebens. Der Mensch kann nur zum Frieden kommen, indem er wohnt. Wer eine Wohnung hat, einen Ort, wo er hingehört und sich zu Hause fühlt, hat Grund zur Dankbarkeit.

Was ist das für ein Wohnraum, den Gott uns bereitet hat? Es ist ein Garten. Dieser Garten ist das Symbol des Lebens, eines Lebens, wie

5 Die Frage nach dem Wohnort *Gottes* wird in der Erzählung von Adam und Eva nicht gestellt. Sie gilt dem Erzähler offensichtlich als unangemessen. Das zeigt die Qualität der Erzählung. Man darf sich diesbezüglich nicht durch die vermenschlichende (anthropomorphe) Darstellungsweise Gottes täuschen lassen. Die Erzählung unterscheidet tiefer und grundsätzlicher zwischen Gott und Mensch, als es in der altorientalischen Mythologie bisher der Fall war.

Gott es für den Menschen will. Das Wort »Garten« gehört zu den Urwörtern der Menschheit. Mit diesem Wort hängen z.B. folgende Wörter zusammen: Garde, Gerte, Gürtel, gürten, Hort, auch das englische »Yard« u.a. Viele Namen leiten sich vom Garten ab: Hildegard, Irmgard, Friedgard, Liebgard, Gert. Die ältesten Opferstätten der Religionen waren oft Gärten bzw. Haine. Und was wäre der Schwabe ohne »sei' Gärdle«? Wieviele Menschen der Industriegesellschaft sehnen sich nach einem Haus mit Garten. In vielen Märchen kommen Gärten vor. Auch die Tiefenpsychologie hat die Bedeutung des Gartenmotivs erkannt. Der Garten hängt mit den tiefsten Bedürfnissen des Menschen zusammen. Deshalb eignet er sich als Symbol des Lebens. Nicht ohne Grund gab Carl Friedrich von Weizsäcker einem seiner Bücher den Titel: »Im Garten des Menschlichen«.

Ich habe in den letzten Jahren in verschiedenen Gruppen gefragt: »Was fällt Ihnen beim Stichwort ›Garten‹ ein?« Meistens gab es auf diese Frage sehr positive Antworten. Manchmal aber lautete die Antwort »Arbeit«. Für viele Menschen, die einen Garten besitzen, kann der Garten – vor allem der größere Garten – auch eine Belastung sein. Ein Garten will Jahr für Jahr gepflegt werden. Das fällt nicht immer leicht. Nicht nur älter werdende Menschen können da an ihre Grenzen kommen. Einmal bekam ich auf die betreffende Frage die Antwort: »Unangenehme Kindheitserinnerungen.« Die Frau, die diese Antwort gab, musste als Kind oft an den Nachmittagen ihre Eltern hinaus in den Garten begleiten. Es handelte sich um einen Schrebergarten außerhalb des Dorfes. Dort musste sie ihren Eltern bei der Gartenarbeit helfen. Sie hätte die Zeit aber viel lieber mit Gleichaltrigen verbracht. Das scheiterte an dem »blöden Garten« der Eltern. Eine Studentin gab auf die Frage, was ihr beim Stichwort »Garten« einfalle, die Antwort: »Lärm«. Auf meine verblüffte Reaktion hin erklärte sie, dass der Garten ihres Elternhauses mitten in der Stadt liegt und von zwei verkehrsreichen Straßen begrenzt wird. Solche Antworten zeigen, wie verschieden unsere heutigen Assoziationen beim Stichwort »Garten« sein können. Von Assoziationen dieser Art müssen wir uns lösen, wenn wir die Rolle des Gartens in dieser Erzählung verstehen wollen.

Es geht bei dem Garten dieser Erzählung *nicht* um die Gartenarbeit des Menschen. Der Garten in Genesis 2,8-9 wird von Jahwe Gott gepflanzt und dem Menschen bereitgestellt. Der Mensch findet diesen Garten bereits vor. Gott »setzt« den Menschen in diesen Garten hinein. Der Garten symbolisiert die schönen und wertvollen Grundlagen des Lebens, die der Schöpfer uns bereitgestellt hat. Diese Grundlagen können wir zu keinem Zeitpunkt unseres Lebens selbst erarbeiten und brauchen es auch nicht.[6] Wenn in dieser Erzählung einige Verse später Gott dem Menschen den Auftrag gibt »*sie* zu bebauen und zu bewahren« (Gen 2,15), dann ist mit »sie« nicht *der* Garten gemeint. Das Wort »Garten« ist auch im Hebräischen männlich. D.h. der Auftrag Gottes bezieht sich auf *die Erde*. Die Erde ist dem Menschen anvertraut. Sie soll er bebauen und bewahren. Die Erzählung macht von Anfang an deutlich, dass der Mensch und die Erde aufeinander bezogen sind.[7] Die hebräischen Wörter für Mensch (»adam«) und Erde (»adama«) drücken diese enge Bezogenheit aus.[8] Der Garten ist in dieser Erzählung nicht das Bewährungsfeld des Menschen in den Herausforderungen des Lebens, sondern meint *die Quellen*, aus denen heraus wir leben und kraft derer wir uns den Herausforderungen des Lebens stellen können. So gesehen ist unsere heutige Gartenarbeit ein Teil der menschlichen Arbeit an der adama.

Wichtig für die Interpretation dieser Erzählung ist die Frage: wie hört ein *damaliger* Orientale – der einen Garten allenfalls bei einem Reichen *gesehen* hat – das Wort »Garten«? Ihm ist der Garten der Inbegriff

- *des Heimatlichen*

  Die Grundbedeutung von »Garten« ist: der umhegte, umschlossene Ort, der umfriedete Raum. Zum Garten gehört eine Hecke, ein Zaun, ein Wall oder eine Mauer. Nur über sie hinweg kann man »einen Stein in seinen Garten werfen«. Der Gegenbegriff zu Garten ist das offene Feld, die Wüste und Wildnis, die endlose Weite und das Chaos. Im gestaltlos Offenen kann sich der Mensch nicht beheimaten. Der Garten ist eine Umfriedung gegen das Endlose.

---

6 Jeder Leser mag selbst darüber nachdenken, um was es sich bei den Grundlagen des Lebens z.B. handelt. Ich denke an: die Schönheit des Kosmos, die Erde mit ihren unterschiedlichsten Landschaften, die Sonne, den Mond, die Luft, das Wasser, die Pflanzen und Tiere, die Tages- und Jahreszeiten, die Farben, die Töne, unseren Körper und unser Bewusstsein, die Sinne, die Gedanken und Gefühle, die Wahrnehmung, die Erlebnisfähigkeit, die Neugier, das Staunen, die Faszination und den Mitmenschen.

7 Die Erzählung beginnt mit folgenden Sätzen: »Zu der Zeit, als Jahwe Gott Erde und Himmel machte, gab es auf der Erde noch keine Sträucher und wuchsen noch keine Pflanzen, denn Jahwe Gott hatte es auf die Erde noch nicht regnen lassen und es gab noch keinen Menschen, der *die Erde bebaute* ...« (Gen 2,4b-5).

8 Das Wort für Erde (»adama«) ist auch im Hebräischen weiblich.

- *des Üppigen*
  Der Garten ist das Gegenteil des Dürren. Er ist Ausdruck des überfließenden Lebens, des Mehr-als-Notwendigen.
- *der Lust und des Schönen*
  Garten heißt im Orient vor allem auch »Lustgarten« und »Liebesgarten«. Der Garten steht für sinnliche Genüsse. Im Garten gibt es Wasser, Schatten, Vogelgezwitscher, Blumen, weiches Gras und Moos. Der Garten ist der Ort des Intimen, des Verborgenen und Weichen, der Ort der unbeobachteten Liebe. Das Wort »Eden« bedeutet im Hebräischen »Wonne«. Wonne und Lust sind das Schönste im Leben. Insofern ist der Garten der Ort des Genießens. Durch den Garten hetzt man nicht. Man verweilt und lagert sich. Zwar ist später auch von der Arbeit des Menschen die Rede (Gen 2,15), aber das Leben ist mehr als Arbeit.
- *des Sich-Entfaltens*
  Im Garten wächst alles, entfaltet sich und gedeiht. Der Garten ist der Ort des Vegetativen, der Fruchtbarkeit und des Segens. Segen ist Lebenskraft. Sie hat die Tendenz sich auszudehnen, zuzunehmen, zu blühen. Ein Leben im Garten meint ein Leben, in dem sich die Persönlichkeit entwickeln kann und solche Entwicklungsprozesse gefördert werden.
- *des Freiwilligen*
  In den Garten geht der Mensch freiwillig. Es verlangt ihn danach. Der Garten ist nicht der Ort der Pflicht. Er ist am weitesten entfernt von allem Druck. Leben ist mehr als Pflicht.

Das bedeutete »Garten« für einen damaligen Menschen. Wichtig ist, dass nach Gottes Schöpferwillen das Leben eines *jeden* Menschen ein »Garten« ist. Das darf nicht nur Privileg einer bestimmten Schicht von Menschen sein. Der Schöpfer will, dass unser aller Leben ein Garten ist. Es ist bezeichnend, dass in dieser Erzählung das erste und grundlegende Symbol des Lebens der Garten ist und nicht etwa die Höhle (Grotte) oder das Haus. Die Höhle ist das grundlegende Symbol für die Geborgenheit des Menschen, für sein Beschützt- und Abgeschirmtsein. Die Höhle umgibt den Menschen von allen Seiten, bewahrt ihn vor schlechter Witterung, Kälte und Gefahr. Ähnliches gilt für das Haus. Der Garten hingegen ist nicht in diesem vorrangigen Sinn ein Symbol der Geborgenheit und des Beschütztseins. Der Garten umgibt den Menschen nicht von allen Seiten. Er ist nach oben offen. Der Mensch ist im Garten nicht im gleichen Maß gegen schlechte Witterung und Kälte geschützt. Dafür bietet ein Garten wesentlich mehr Erlebnismöglichkeiten als eine Höhle, mehr Gelegenheiten zum entdeckenden Lernen, zum Beobachten und zum Abenteuer. Der Entwicklungspsychologe Jean Piaget nennt das Kind – und damit den Menschen insgesamt – den »aktiven Erkunder der Umwelt«. Und genau dazu bietet ein Garten optimale Bedingungen. Vom Symbol des Gartens her denkt man nicht primär an den gefährdeten und ängstlichen Menschen, der beschützt sein will. Ein Garten gewährt nicht nur Heimat. Er ruft auch nach dem neugierigen, unternehmungslustigen Menschen, der erkunden will. Insofern steckt in der Wahl des Symbols Garten eine für das Verständnis der menschlichen Religiosität grundlegende Entscheidung: Ist Religion vor allem Schutz gegen die Angst oder bietet sie auch starke Anreize für Neugierde, Entdeckerlust und Abenteuer? Stellt Religion in erster Linie Nischen und Bollwerke bereit oder interessante Landschaften? Die Verse Genesis 2,8-9 plädieren für eine Religiosität, die den Menschen nicht »blass«, sondern »wettergegerbt« macht.

Der biblische Erzähler beschreibt noch genauer, um welche Art von Garten es sich handelt. Gott pflanzt einen *Baum*garten. Das war damals der beliebteste Garten. Bäume waren und sind in besonderer Weise Zeichen des Lebens. Der Garten Eden ist ohne Bäume nicht denkbar. Bäume zeigen vorhandenes Wasser an, spenden Schatten, eignen sich als Orientierungsmarke und Treffpunkt (»unter den Linden, wo wir uns finden«). Die Ernährung durch Fruchtbäume ist die leichteste und historisch wohl auch die älteste Form der Ernährung. Obwohl die Erzählung vom Garten Eden sehr knapp ist und insgesamt kaum Adjektive enthält, verwendet sie an dieser Stelle zur näheren Beschreibung der Bäume gleich *drei* adjektivische Bestimmungen. Das ist auffallend. Diese drei Bestimmungen sind äußerst wichtig für das, was der Erzähler unter einem gesegneten Leben und einer gesunden Religiosität versteht:

□ *»vielerlei Bäume«*

Als erstes betont der Erzähler die Vielzahl und Vielfalt der Bäume. Gemeint ist das Gegenteil von Eintönigkeit, Uniformität und Langeweile. Das Leben des Menschen braucht Abwechslung und Vielfalt. Dem entspricht eine Haltung der Offenheit, der Neugierde, der Entdeckerfreude, der Lust am Lernen und Beobachten. Zum

Garten Eden gehört der breit interessierte Mensch. Dem phantasievollen Gott entspricht das bunte Leben.

- *»verlockend anzusehen«*

  Das hier verwendete hebräische Wort bedeutet auch: begehrenswert, hinreißend, voller Reize. Gemeint ist die Grunderfahrung der Faszination. Gott ist der verlockende Gott. Die Anziehungskraft seiner Verlockungen nennt die Bibel »Herrlichkeit«. Und sie sagt: »Alle Welt ist voll von seiner Herrlichkeit« (Jes 6,3). Gott will uns nicht durch Angst, Zwang und Druck gewinnen. Wir sind berufen zu einem Leben in der Freude, berufen zum Staunen und zur Faszination. Da sind wir ein Leben lang beschäftigt und werden nicht fertig. Wichtig dafür ist die Förderung der Erlebnisfähigkeit, Wahrnehmungsfähigkeit und Sensibilität.

- *»gut zu essen«*

  Essen ist ein Vorgang intensivster Aufnahme, ein Vorgang des Einverleibens. Die Nahrung geht in Fleisch und Blut über. Diese dritte Kennzeichnung besagt: es kommt darauf an, die Vielfalt und das Faszinierende des Lebens intensiv in sich aufzunehmen, es zu »verdauen«. Es geht um die Fähigkeit zur Intensität. Nicht das Flüchtige und Oberflächliche ernährt uns, sondern das Intensive.

4. Schlussüberlegungen

Einen Lebensrahmen der genannten Art will nach Auffassung des Erzählers der Schöpfer für uns alle. Unser Leben soll ein Garten sein. Das ist der passende Rahmen für uns, der unserem Wesen entspricht. Das Symbol »Garten« meint nicht nur einen Lebensraum, sondern auch ein Lebensverständnis, eine Art zu leben, einen Lebensstil. Unser Leben sei abwechslungsreich, voller Faszination und Intensität. Dazu sollen wir uns gegenseitig anregen und ermutigen. Was das im einzelnen bedeutet, muss jeder persönlich herausfinden. Aber die Richtung ist deutlich. Dass es sich um *so* eine Richtung handelt, ist Grund sich zu wundern und zu freuen. Wenn sich die christliche Gemeinde, die christliche Jugendarbeit, Erwachsenenbildung und Religionspädagogik an diesem Schöpferwillen orientieren und sich von ihm inspirieren lassen, dann wirken sie lebensfördernd. Die Kinder und Jugendlichen – und die Erwachsenen – werden das spüren und entsprechend reagieren.

Freilich, die Realität der menschlichen Schuld (vgl. Gen 3) ist ernst zu nehmen.[9] Doch die Realität der Schuld hebt den Schöpferwillen nicht auf. Der Erlöser (von Schuld und Sünde) handelt nicht gegen den Schöpfer. Deshalb bleibt auch im Erlösungsgeschehen das gültig, was der Schöpfer getan hat und noch tut. Zwar steht – Gott sei Dank – die Erlösung durch Jesus Christus im Mittelpunkt des christlichen Glaubens, aber es kommt darauf an, dass sie auf *gesunde Weise* im Mittelpunkt steht. Das ist nur dann der Fall, wenn die christliche Verkündigung nicht den Blick auf Gottes Schöpferwirken verstellt, d.h. nicht den Blick auf die kreatürlichen und kreativen Entfaltungsmöglichkeiten des Menschen. Sonst wird Christus zur Konkurrenz für die Schöpfung. Das ist er aber nicht. Das Evangelium von Jesus Christus darf nicht dazu benutzt werden, Defizite und Versäumnisse im kreativen Bereich und in der kreatürlichen Persönlichkeitsentwicklung zuzudecken. In diesem Fall wird das Evangelium zum Alibi. Deshalb halte ich eine Versöhnung von »Erlösungsspiritualität« und »Schöpfungsspiritualität« für eine der wichtigsten Aufgaben in der christlichen Kirche. Das eine darf nicht länger gegen das andere ausgespielt und auf dessen Kosten betont werden. Beide Formen der Spiritualität sollen zu ihrem guten Recht kommen. Das hält die Kirche gesund und wird dem christlichen Glauben jene Anziehungskraft geben, die er tatsächlich hat. Und nicht zuletzt: das eröffnet neue Gesprächsmöglichkeiten innerhalb der großen Familie derer, die religiös auf Erkundungsreise sind.

• Aktion: Gestaltung eines Schöpfungsmandalas

In der Natur sowie in unseren Gärten gibt es viele Beispiele, die an ein Mandala erinnern. Mandalas sind die inzwischen berühmten Kreisbilder, die sich als Hilfsmittel zur Meditation bewährt haben. Mandalas deuten an, dass alles eine Mitte hat, von der aus sich die ganze Schöpfung gestaltet. Mandalamotive finden wir z.B. auf einer Baumscheibe mit den Jahresringen, bei Blütenrosetten, bei Kreisen, die ein ins Wasser gefallener Stein verursacht, bei einer quergeschnittenen Apfelsine, beim Schneekristall oder auch beim Spinnennetz.

9 Vgl. dazu in diesem Buch den folgenden Vortrag: »In Grund und Boden geschämt: Die Verführung des Menschen durch die Schlange.«

Der Buchhandel bietet etliche Mandalamalbücher zum Colorieren von vorgegebenen Motiven an. Doch jeder kann hier auch ganz eigene Mandalas entwerfen. Einen besonderen Reiz hat das gemeinsame Gestalten eines Großmandalas, welches auf einem feinmaschigen Netz (z.B 4 m x 4 m) auf dem Boden liegend gefertigt werden kann mit farbigen Servietten oder farbigen Stoffresten, wobei die Motive des Mandalas zuvor auf dem Netz angedeutet werden sollten. In hohen Räumen könnte das fertiggestellte Mandala aufgehängt werden, was ein staunendes, fröhliches Wahrnehmen des Mandalas auslösen würde und damit Voraussetzung sein könnte für intensive Gespräche oder meditatives Nachdenken über die Schöpfung. Parallel zur Mandalafertigung könnte eine CD mit Naturgeräuschen abgespielt werden.

Wo gern gesungen wird, kann diese Aktion abgeschlossen werden mit dem Kanon »Jeder Teil dieser Erde ist meinem Volk heilig«. Der Text stammt von dem Indianerhäuptling von Seattle, der dafür Pate steht, dass unsere indianischen Menschenschwestern und -brüder ein wesentlich achtsameres und würdigeres Verhältnis zur Natur hatten und haben als wir Mitteleuropäer.

• Gebet

Gott, die Schöpfung gibt uns die Bilder,
die uns fähig machen,
von dir zu sprechen.

Du, Gott, bist für uns
    wie eine sprudelnde Quelle,
    die niemals versiegt.
Du, Gott, bist für uns
    wie der ewig strahlende Schnee
    auf den Gipfeln unseres Lebens.
Du, Gott, bist für uns
    wie ein Wildbach,
    der in unsere Lebenstäler fließt,
    um unseren Lebensdurst zu stillen.
Du, Gott, bist für uns
    wie die Sonne,
    die unser Gemüt erhellt.

Du, Gott, bist für uns
wie der Mond,
der unsere Nächte bezaubernd macht.
Du, Gott, bist für uns
wie die Luft,
eine unscheinbare schwingende Gegenwart.
Du, Gott, bist für uns
wie der Baum,
der Schatten, Sauerstoff und Früchte spendet,
wie der Baum,
unter dem wir ausruhen dürfen.
Du, Gott, bist für uns
wie der Garten,
ein Ort des Lebens,
ein Ort der Fülle,
ein Ort der Faszination,
ein Ort des Abenteuers,
ein Ort der Liebe.
Und in jeder Blume,
die aufblüht,
steckt ein Liebesgruß von dir.
In jeder Frucht,
die wir essen,
steckt die Lebenskraft
für uns
von dir.
Amen

• Segen

Bitte legen Sie sich zum Segen gegenseitig die Hände ganz weich auf die Schultern.

Der Segen Gottes sei in dir
wie der Saft,
der die Trauben erfrischend macht,
wie das Wasser,
das die Pflanzen wachsen lässt,
wie das Blut,
das unsere Leiber lebendig erhält.

Der Segen des Christus sei mit dir
wie die Brücke,
die über einen reißenden Fluss führt,
wie der Pfeil,
der einen Weg zeigt,
wie der Steg,
der durch ein Gebirge leitet.

Der Segen des Geistes hülle dich ein
wie die Sonne,
die das Frühjahr weckt,
wie der Regen,
der die Frische schenkt,
wie der Wind,
der die Bäume streichelt.

Und der Friede
und die Liebe Gottes,
die höher, weiter und tiefer greift
als alle menschliche Vernunft,
bewahre deine Seele und deinen Geist
in Jesus Christus.
Amen

In Grund und Boden geschämt – Die Sache mit der Schlange

Genesis 3, 1-7

• Einstimmung

Eine alte, sehr fromme Bäuerin auf dem Lande klagt seit längerer Zeit über Schmerzen im Unterleib. – Der Bauer meint: »Ja mei, Kathi, du muaßt halt doch amal in d'Stadt einifahrn zu an Dokta, da wird nix anders übrigbleibn«, und schweren Herzens fährt die Bäuerin am andern Tag zu einem Doktor.

Als sie wieder zu Hause ankommt, frug sie der Bauer: »Ja, was hat denn der Dokta gsagt?« – »Ja mei«, sagt die Bäuerin, »a Salbn hat er mir verschriebn, da soll i mir's Handgelenk damit einreibn.«- »'s Handglenk?«, sagt der Bauer, »ja d'Schmerzn hast doch im Unterleib?« – »Freili hab i d'Schmerzn, aber wenn i gsagt hätt im Unterleib, dann hätt ich mich sicher vor dem Dokta nackert ausziagn müassn.«

Karl Valentin

Damit hier nicht nur über eine bayerische Bäuerin geschmunzelt wird, etwas, was mir selbst passiert ist: Nach einem unserer Nachteulengottesdienste in der Ludwigsburger Friedenskirche traf ich eine mir seit längerem bekannte Frau. Wir unterhielten uns eine Weile, bis ich sagte: »Du, weißt du was, wir sind immer noch per Sie, lass uns doch zum Du wechseln.« Darauf antwortete sie: »Du bietest mir nun schon zum dritten Mal das Du an.« – War mir das peinlich, was habe ich mich geschämt.

(An dieser Stelle nach Möglichkeit eine eigene Peinlichkeits-Geschichte erzählen.)

Wir Menschen und das Schamgefühl. Wo liegt die Ursache, dass wir uns manchmal am liebsten in Grund und Boden schämen würden? In der biblischen Erzählung von der Verführung durch die Schlange ist am Ende von der Scham die Rede. Was war die Ursache?

Bevor wir uns in diese Fragen vertiefen, ein Liedtext des Berliner Gripstheaters, der allen Kindern, großen und kleinen, Mut machen will, die sich wegen irgendwelcher körperlichen Merkmale schämen.

• Liedtext: »Ottokar hat Segelohren«

Ottokar hat Segelohren, hey, die steh'n im Wind!
Annika hat Sommersprossen, schau, wieviel das sind!
Klaus hat eine Hakennase riesig im Gesicht,
und Lisas Zähne sind ganz schief,
das sieh'ste, wenn sie spricht.

Refrain:
Na und, na und, die Welt ist eben bunt.
Jeder Mensch sieht anders aus,
da mach dir nur nichts draus!
Es kommt nur drauf an,
dass man entdeckt, was in ihm steckt,
was in ihm steckt!

Segelohren-Ottokar ist ein ganz dufter Freund.
Sommersproßen-Annika kann trösten, wenn man weint.
Hakennase-Klaus nimmt sieben Stufen mit 'nem Satz,
und Lisa mit dem schiefen Zahn, die klettert wie 'ne Katz'.

Mai, die lacht, dass jeder mitlacht, hat 'nen Silberblick.
Max, der jeden Unsinn mitmacht, ist gewaltig dick.
Fritz, der schlau'ste von uns allen, sieht wie'n Uhu aus,
und Elke, die sich alles traut, ist winzig wie'ne Maus.

• Fantasiereise: Mein Gesicht wahrnehmen

Manch ein Mensch schämt sich wegen seiner Herkunftsfamilie, mancher über seine Bildungslücken. Wir schämen uns, wenn wir als geladener Gast bei einem Festessen ein Glas umstoßen, wenn uns in feiner Gesellschaft ein peinlicher Spruch rausrutscht, der absolut taktlos wirkt. Bei einem Gesellschaftstanz schämen wir Männer uns, so wir den Takt nicht finden und dumm vor einer Frau rumstehen. Wir schämen uns vor uns selbst, wenn wir etwas ausgeplaudert haben, was uns ein Freund, eine Freundin im tiefsten Vertrauen anvertraut hat. Wie schämen uns, wenn eine bisher gut abgeschirmte Schwäche oder Schattenseite unserer Person öffentlich sichtbar wird – und manchmal steht sie uns mitten im Gesicht, die Scham, mit Schamröte, und unser Gesicht neigt sich zur Erde vor Peinlichkeit, vor Schamgefühl; und darüber hinaus ist es mitunter das Gesicht selbst, dessen wir uns schämen. Der Blick in den Spiegel, gelegentlich eine Qual.

Sie sind hier eingeladen, sich in einer Fantasiereise dem eigenen Gesicht zuzuwenden.

Versuchen Sie, eine ganz bequeme Sitzhaltung einzunehmen, möglichst mit aufrechter Wirbelsäule, um frei durchatmen zu können ... Atmen Sie dreimal tief durch ... Atmen Sie nun in Ihrem ganz eigenen Rhythmus weiter, so, als wenn Sie Entspannung und Ruhe in sich hinein atmen, sodass langsam jede Verkrampfung und Anspannung aus Ihrem Körper weichen muss ...

Während Sie ruhig weiteratmen, stellen Sie sich vor, einen wunderschönen Tag auf dem Land zu verbringen. Das Wetter ist genau so, wie Sie es gern haben. Die Vögel singen, Schmetterlinge taumeln durch die Luft ... Blühende Bäume summen mit hunderten von Bienen ... Hier und da sehen Sie farbenfrohe Blumen, deren Duft in Ihre Nase steigt ... Sie haben sich einen Platz gesucht, in dessen Nähe ein kleiner Bach fließt ... Sie beobachten den Lauf des Wassers über kleine und größere Steine, über Absätze und Wurzeln ... Das plätschernde Geräusch des Wassers erfahren Sie wie eine wohltuende Musik für Ihre Seele ...

Nun schließen Sie hier draußen in der Natur Ihre Augen und drehen Ihr Gesicht zur Sonne ... und spüren, wie Sonnenstrahlen Ihr Gesicht mit angenehmer Wärme berühren ... Ebenso spüren Sie, wie ein zarter Windhauch über Ihr Gesicht streicht, wie ein Seidentuch, mit dem ein geliebter Mensch Ihr Gesicht liebkost ... Nun haben Sie selber Lust, Ihr Gesicht zu berühren. Nehmen Sie die Fingerkuppen Ihrer beiden Hände und legen diese in die Mitte Ihrer Stirn ... und fahren langsam, gleichzeitig nach rechts und links, über die Schläfen ... über die Wangenknochen ... nach unten zum Kinn ... Das Ganze wiederholen Sie und spüren dabei, wie empfindlich Ihre Gesichtshaut ist ... Streichen Sie nun mit Ihren Fingerspitzen über die Teile Ihres Gesichtes, die Sie schön finden ... auf die Sie stolz sind. Entweder der Schwung Ihrer Augenbrauen, Ihre Wangenknochen, Ihre Nase, Ihre Lippen, die Form Ihrer Ohren, die Prägung Ihres Kinns, Ihre Augen, Zähne, Ihr Haaransatz oder was auch immer. Berühren Sie diese Bereiche Ihres Gesichtes mit Dankbarkeit, weil Sie Ihnen helfen, sich selbst zu mögen ...

Wenden Sie sich nun ganz liebevoll und zärtlich auch den Teilen Ihres Gesichtes mit den Fingerspitzen zu, die Sie nicht mögen, die Ihnen nicht gefallen, deretwegen Sie sich vielleicht sogar schämen. Versuchen Sie für ein paar Augenblicke ganz liebevoll mit den Schattenseiten Ihres Gesichtes umzugehen, so, als wenn Sie sich mit Ihnen versöhnen wollen. Ähnlich wie die Sonne und der Wind die weniger schönen Seiten Ihres Gesichtes liebkost haben ...

Als abschließende Geste legen Sie nun Ihr Gesicht in Ihre beiden Handflächen ... so, als wenn Sie sagen wollen: Ich danke dir, mein Gesicht, dass ich dich haben darf, dass du mich unverwechselbar machst, dass du mich einmalig machst. Ich danke euch, ihr schönen Augen, euch hellen Seiten meines Gesichtes, die ihr mir Sicherheit verleiht. Ich danke aber auch euch, ihr weniger schönen, dunklen Seiten, die ihr mich davor bewahrt, überheblich zu sein.

Und anschließend danken wir dir, guter Gott, für unser Gesicht, welches du freundlich ansiehst, sodass jeder Schatten weichen muss und jede Schamröte sich auflöst ...

Nun öffnen Sie dort draußen am Bach wieder Ihre Augen, genießen noch kurz die Landschaft und kommen zurück zu dem Ort, an dem Sie sich befinden ... Reiben Sie Ihre Augen und strecken und recken Sie sich.

Vortrag
»In Grund und Boden geschämt«: Die Verführung des Menschen durch die Schlange. Eine Interpretation von Genesis 3,1-7

Aber die Schlange war listiger als alle Tiere des Feldes, die Jahwe Gott gemacht hatte. Sie sprach zu der Frau: »Hat Gott tatsächlich gesagt: Nicht von allen Bäumen im Garten sollt ihr essen?« Da sprach die Frau zur Schlange: »Wir essen von den Früchten der Bäume im Garten. Aber von den Früchten des Baumes mitten im Garten hat Gott gesagt: Esst nicht davon! Rührt sie auch nicht an, damit ihr nicht sterbt!« Da sprach die Schlange zur Frau: »Ihr werdet keineswegs sterben. Gott weiß, an dem Tag, an dem ihr davon esst, werden eure Augen aufgehen. Ihr werdet sein wie Gott und wissen, was gut und böse ist!« Und die Frau sah, dass von dem Baum gut zu essen war und dass er eine Lust für die Augen war und verlockend, weil er klug macht. Und sie nahm von seiner Frucht und aß. Und sie gab auch ihrem Mann, der bei ihr war. Und er aß auch. Da gingen beiden die Augen auf und sie erkannten, dass sie nackt waren. Da hefteten sie Feigenblätter zusammen und machten sich Schürzen. (Genesis 3,1-7)

1. Die Rolle der Schlange

Die »Geschichte von der Schlange« gehört zu den berühmtesten Texten der Bibel. Nicht ohne Grund. Schon stilistisch gesehen ist diese Geschichte ein Meisterwerk. In wenigen und anschaulichen Sätzen einen so vielschichtigen Vorgang auf den Punkt zu bringen, ist eine Kunst. Noch wichtiger ist der Inhalt der Geschichte. Sie erzählt von einem Geschehen, das sich in allen Menschen immer wieder abspielt, für alle Menschen von existenzieller Bedeutung ist und die Zeiten und Kulturen übergreift.

In der christlichen Auslegungsgeschichte von Genesis 3,1-7 verstand man lange Zeit die Schlange als Verkörperung oder Sprachrohr des Teufels. Doch so ist sie in dieser Geschichte nicht gemeint. Der Erzähler rechnet sie, wie damals üblich, zu den »Tieren des Feldes«. Diese Bezeichnung hatte er kurz vorher schon zweimal verwendet, als er die Erschaffung der Tiere beschrieb: »Da formte Jahwe Gott aus Erde alle Tiere des Feldes und alle Vögel des Himmels und brachte sie zum Menschen, um zu sehen, wie der Mensch sie nennen würde ... Und der Mensch gab allem Vieh und allen Vögeln des Himmels und allen Tieren des Feldes Namen« (Gen 2,19-20). Wenn der Erzähler bei seiner ersten Erwähnung der Schlange auf diese Stelle Bezug nimmt, dann versteht er die Schlange nicht als ein außerirdisches Wesen, auch nicht als Sprachrohr eines außerirdischen Wesens. Für beides gibt es im Text keinen Hinweis. Mit der Erinnerung an die von Gott geschaffenen Feldtiere stellt der Erzähler vielmehr gleich zu Beginn klar: Die Schlange ist ein Teil der Schöpfung. Gott hat nichts Böses geschaffen. Er ist nicht schuld an dem, was nun geschieht. Im damaligen Orient gab es Erzählungen, in denen eine Schlange oder ein Drache auftritt und zwar als dämonisches Wesen aus der Unterwelt. Das ist in unserer Geschichte nicht der Fall. Sie überschreitet nirgendwo den guten Raum der Schöpfung. Darin liegt gerade der Unterschied zu den Mythen der Nachbarvölker. In der ganzen Urgeschichte (Gen 1-11) und in der gesamten Tora – den fünf Büchern Mose – gibt es keine Stelle, in der vom Teufel die Rede ist. Die drei einzigen Belege im Alten Testament stammen aus einer späten Zeit, der Zeit nach dem babylonischen Exil (Hi 1-2; Sach 3,1-7; 1 Chron 21,1). In keiner dieser drei Stellen wird der Teufel als »Schlange« oder »Drache« bezeichnet. Dazu kommt es erst in der Zeit nach dem Alten Testament. Erst ab dieser Zeit nahm im Judentum der Teufelsglaube stark zu und wurde die Schlange in Genesis 3 als teuflische Gestalt verstanden.[10]

Die früheren Bibelausleger haben die Schlange vor allem deshalb als Verkörperung des Teufels verstanden, weil sie »listiger« genannt wird als alle Tiere des Feldes. Warum sollte eine Schlange listiger sein als alle anderen Tiere? Man konnte sich diese merkwürdige Aussage nur so erklären, dass damit die List des Teufels gemeint ist. Heute weiß man aber, dass die Schlange im antiken Orient *tatsächlich* als das klügste Tier galt.[11] Das macht den Rückschluss auf den Teufel unnötig. Um die Funktion der Schlange in dieser Geschichte verstehen zu können, muss man wissen, welche Rolle die Schlange im Leben des orientalischen Menschen spielte.

Für die Völker des Altertums war die Schlange von jeher etwas Besonderes. Sie war fremd, geheimnisvoll und unheimlich zugleich. Während der Körper der anderen Tiere warm ist, wie der des Men-

10 Zum Teufel als Schlange vgl. auch im Neuen Testament Offb 12,9; 20,2.

11 Das hebräische Wort »arum« (klug, listig) hat im Alten Testament an den meisten Stellen eine positive Bedeutung. Es kann aber auch negativ gemeint sein (z.B. Hi 5,12; 15,5).

schen, ist der Körper der Schlange kalt. Die Schlange hat keine Beine. Wie kann man sich ohne Beine fortbewegen? Dennoch ist die Schlange – vor allem im heißen Klima des Orients – wendig und schnell. Während der Mensch und die anderen Tiere sich nur in bestimmten Situationen an etwas oder jemand heranschleichen, schleicht die Schlange ständig. Sie ist der »professionelle Schleicher«. Die Schlange hat eine gespaltene Zunge. Sie brüllt nie. Sie zischt. Doch dieses Zischen ist gefährlicher als das meiste Gebrüll. Bei den anderen Tieren wussten die Menschen im Allgemeinen, wie und wo sie leben. Die Schlange aber lebt versteckt. Sie greift meist aus dem Verborgenen heraus an, unvermutet, ohne viel Lärm. Im offenen Gelände war sie eine ständige Gefahr. Sie war der Erzfeind des Menschen. In diesem Zusammenhang zeigte sich auch ihre außerordentliche Klugheit:

Die Schlange war das einzige im Orient bekannte Lebewesen, das töten kann, ohne mechanische Gewalt anzuwenden. Sie kann töten, ohne zu verletzen. Das kann kein Löwe, kein Krokodil und auch nicht der Mensch (der antike Mensch konnte Gift nicht selber herstellen, sondern nur Schlangengift bzw. Pflanzengift für seine Zwecke nutzen). Ein harmloser Biss, ein kleiner Punkt auf der Haut und einige Zeit später – ohne dass etwas zu sehen ist – tritt der Tod ein. Der Zweck des Schlangenbisses ist nicht das Verletzen des Opfers, sondern das »Injizieren« einiger Tropfen Gift. In diesen Tropfen steckt eine ungeheure Macht. Der Mensch kann sich gegen sie nicht wehren. In der Antike gab es noch kein naturwissenschaftliches Verständnis der Giftwirkung. Die Menschen glaubten, die Schlange könne geistig töten. Denn sie weiß, wie man Tropfen herstellt, die den Tod herbeiführen. Sie besitzt also ein Wissen über den Tod und das Leben, das kein anderes Lebewesen hat.

Dieser Eindruck wurde durch eine zweite Beobachtung bestätigt. Immer wieder fand man auf freiem Feld eine Schlangenhaut. Die Schlange ist also fähig, ihre eigene Haut zu verlassen und sich eine neue zuzulegen. D.h. sie kann sich verjüngen. Sie altert nicht. Sie kann nicht nur bei anderen den Tod herbeiführen, sondern auch den eigenen Tod überwinden. Aufgrund dieser beiden Beobachtungen galt die Schlange als klügstes Tier. Ihre Klugheit war sprichwörtlich. Auch im Neuen Testament heißt es: »Seid klug wie die Schlangen« (Mt 10,16). Einerseits wirkte sich diese Klugheit positiv aus: als Überwindung des Todes. Deshalb ist noch heute die Schlange das Symbol der Ärzte und Apotheker. Auch in der Bibel ist sie keineswegs nur das Symbol des Bösen. Sie ist auch das Symbol für Heilkraft und Heilung (vgl. Num 21,8-9; Joh 3,14). Aber die Schlange ist auch der Feind, der weiß, wie der lautlose, langsame Tod herbeigeführt werden kann. Und in *diesem* Sinn ist in unserer Geschichte von der Klugheit bzw. List der Schlange die Rede. Die Worte der Schlange wirken auf Eva und Adam wie Gift. Sie führen unvermutet den lautlosen, langsamen Tod herbei. Die Figur der Schlange ist also mit Bedacht gewählt. Die Sünde wirkt im Menschen wie das Gift der Schlange. Ohne großes Gebrüll, ohne großen mechanischen Aufwand, ohne äußere Verletzung führt sie zum Tod des Menschen. Deshalb ist es kein Zufall, dass in dieser Geschichte eine Schlange auftritt und nicht etwa ein Löwe oder ein Krokodil.

In Genesis 3,1-7 ist die Schlange das Symbol einer gefährlichen Form der Klugheit. Diese Klugheit kommt in den Worten der Schlange zum Ausdruck. Das Wichtigste an der Schlange sind ihre Worte. Die Geschichte ist zum größten Teil ein Dialog zwischen der Schlange und der Frau. Es gibt im antiken Orient viele Geschichten, in denen Tiere oder Pflanzen reden. Auch im Alten Testament gibt es Beispiele dieser Art (vgl. Ri 9,7-15; 2 Kön 14,9-10). Aus Gründen der Verfremdung oder der symbolischen Wirkung sprechen bestimmte Tiere oder Pflanzen das aus, was *Menschen* sagen oder denken. Das gilt auch für unsere Geschichte. Der Erzähler hat ja in Genesis 2 deutlich herausgestellt, dass nur der Mensch sprechen kann. Der Mensch gibt allen Tieren – auch der Schlange – ihre Namen. Eine Schlange, die reden kann, genauer gesagt: die auf solchem Niveau Dialoge führen kann, ist kein Tier, sondern ein Mensch. Sie spricht das aus, was Menschen einander sagen oder bei sich selbst denken. Im antiken Orient kannte man noch nicht die erzähltechnische Möglichkeit, das innere Ringen im Gewissen in Form eines »inneren Dialogs« darzustellen. Es blieb deshalb nur die Verlagerung in einen äußeren Dialog. In Genesis 3,1-7 wählte der Erzähler den Dialog mit einer »Schlange«.

2. Die Ausgangsfrage der Schlange

Die Schlange eröffnet das Gespräch mit einer Frage: »Hat Gott tatsächlich gesagt: Nicht von allen Bäumen im Garten dürft ihr essen?« Für die Beurteilung dieser Frage ist wichtig, ob die Schlange die von ihr zitierten Worte Gottes richtig wiedergibt. Wird sie ihnen wenigstens sinngemäß gerecht? Um das herauszufinden, müssen wir zurückblenden in das vorhergehende Kapitel. Die Erzählung von Adam und Eva beginnt mit der Erschaffung des Menschen. Anschließend pflanzte Gott für den Menschen einen Garten. Das erste Wort, das Gott an den Menschen richtete, lautet: »Von allen Bäumen im Garten kannst du essen« (Gen 2,16). Dieses Wort ist eine Freigabe und Zusage. Sie bedeutet: alles steht dir zur Verfügung, ist für dich geschaffen. Du kannst dich im Garten frei bewegen, spontan und unbeschwert, ohne ständig aufpassen zu müssen oder durch Verbote eingeschränkt zu sein. Diese Zusage zeigt: Gott will Freiheit. Der Garten Eden ist kein Polizeistaat. Die Freigabe steht an erster Stelle. Ihr gebührt der erste Platz. Erst *nach* dieser Freigabe setzt Gott der Freiheit auch eine Grenze: »Nur von dem Baum der Erkenntnis des Guten und Bösen sollst du nicht essen. Denn an dem Tag, an dem du davon isst, wirst du sterben« (Gen 2,17). Dieses einzige Verbot im Garten verlangt vom Menschen keine Entbehrung. Der Mensch hat genug Bäume, von denen er essen kann. Gott äußert dieses Verbot nicht nur, er begründet es auch. Die Begründung zeigt, dass Gott die Interessen des Menschen im Blick hat. Er will nicht, dass der Mensch sein Leben zerstört. Das Verbot ist Schutz und Wohltat, keine Leidtat.

Es ist aufschlussreich, wie die Schlange die betreffenden Worte Gottes zitiert. Sie bringt nur eine kleine Veränderung an. Sie verändert an einer Stelle die Reihenfolge der Worte. Diese »listige« Veränderung zielt auf die Verdunkelung der Freigabe Gottes und bewirkt dadurch eine fundamentale Akzentverlagerung. Die Schlange rückt das Wort »nicht« aus dem Verbot nach vorne in die Freigabe: »Hat Gott tatsächlich gesagt: *Nicht* von allen Bäumen im Garten sollt ihr essen?« Durch diese Veränderung lässt sich die Freigabe nicht mehr vom Verbot unterscheiden. Man kann nicht mehr sagen: *zuerst* kommt die Freigabe *und dann* das Verbot. Die Freigabe kann nicht mehr für sich wirken und so Freude, Staunen und Dankbarkeit hervorrufen. Die Freigabe hört sich nun selbst wie ein Verbot an. Sie gerät in ein Zwielicht und der negative Aspekt dominiert. Das erste Wort aus dem Munde Gottes ist jetzt das Wort »nicht«. Gott erscheint nicht mehr primär als Schenkender, sondern als Verbietender. Die Schlange hat es mit ihrer Frage geschafft, die Freigabe Gottes vom ersten Platz zu verdrängen. Damit untergräbt die Schlange das Vertrauen in Gott am entscheidenden Punkt. Sie verdächtigt Gott, dem Menschen zu wenig Freiheit zu gewähren. Konsequenterweise ändert die Schlange auch die Bezeichnung für Gott, die bis dahin in der Erzählung von Adam und Eva üblich ist. Der Erzähler benutzte bisher stets den Doppelausdruck »Jahwe Gott«. »Jahwe« ist der Name Gottes, mit dem Gott sich selbst bei der Berufung des Mose am brennenden Dornbusch vorgestellt hat (vgl. Ex 3,13-14). Dieser Name bedeutet: »Ich bin für dich da.« Schon der Name Gottes drückt also aus, dass Gottes ganzes Wesen Zuwendung ist. Die Schlange vermeidet diesen Namen. Sie spricht nur noch neutral von »Gott«. Zu deutlich würde der Name Jahwe dem widersprechen, worauf sie hinauswill.

Die Ausgangsfrage der Schlange zeigt, wie entscheidend das Gottesbild ist, von dem wir uns leiten lassen. In der Ausgangsfrage der Schlange ist Gottes Wesen bereits auf charakteristische Weise verdunkelt. Steckt in dieser Ausgangsfrage der erste Schritt weg von Gott, dann bedeutet das: die Abwendung von Gott beginnt damit, dass Gott kleinlicher, strenger und verbietender erscheint, als er in Wahrheit ist, und das Freiheitlich-Großzügige seiner Zusagen nicht mehr wahrgenommen wird. Das falsche Bild von Gott bewirkt die Abwendung von Gott. D.h. der Mensch wendet sich von einem Gott ab, den es gar nicht gibt.

3. Die Antwort der Frau

Das Gottesbild der Schlange bleibt nicht ohne Wirkung auf die Frau. »Da sprach die Frau zur Schlange: ›Wir essen von den Früchten der Bäume im Garten. Aber von den Früchten des Baumes mitten im Garten hat Gott gesagt: Esst nicht davon! Rührt sie auch nicht an, damit ihr nicht sterbt!‹«

Die Frau hat durchaus noch ein Gespür für die Unterscheidung der Freigabe Gottes von seinem Verbot. Sie versucht das der Schlange klar zu machen und darin gewissermaßen Gott zu verteidigen. Durch das Wort »aber« grenzt sie das Verbot von der Freigabe ab. Doch auch die Antwort der Frau enthält gegenüber der Originalfassung der Worte Gottes eine kleine Veränderung. Wieder bezieht sich diese Veränderung auf die Freigabe Gottes. Die Freigabe ist der neuralgische Punkt, nicht das Verbot. Wird die Freigabe Gottes nicht mehr in ihrer Größe und Schönheit wahrgenommen, ergibt sich die Übertretung des Verbots von selbst. Gott hatte zum Menschen gesagt: »Von allen Bäumen im Garten kannst du essen.« In der Antwort der Frau fehlt bezeichnenderweise das Worte »alle«.[12] Sie stellt das Essen der Früchte nur

12 In der deutschen Übersetzung fehlt auch das Wort »kannst«, das Gott in seiner Freigabe (Gen 2,16) verwendet. Dieser Unterschied entsteht aber nur durch die Übersetzung. Im hebräischen Text von Gen 2,16 steht dieses Wort nicht.

noch als Faktum fest. Das Staunen über die Größe der Freigabe, über die Vielfalt im Garten (»alle«), die Dankbarkeit für die Güte und Zuwendung Gottes sind nicht mehr zu spüren. Damit ist aber das Entscheidende bereits verloren. Dazu passt, dass auch die Frau nur noch von »Gott« redet und den Namen »Jahwe« weglässt. Damit übernimmt sie die Sprachregelung der Schlange. Das Wesen Gottes ist auch ihr bereits verdunkelt. Die von der Frau formulierte zusätzliche Ermahnung, die Früchte des Baumes der Erkenntnis »nicht anzurühren« (die in Gottes Verbot fehlt), hilft nicht mehr. Im Gegenteil: diese Verschärfung der Worte Gottes deutet darauf hin, dass die Gefahr einer Übertretung des Gebots größer geworden ist. Das Verbot braucht jetzt mehr Schutz als in den Zeiten des Gottvertrauens. Zusatzappelle dieser Art sind bereits Vorboten des Niedergangs.

4. Der zweite Redebeitrag der Schlange

Nachdem sich herausgestellt hat, dass der Frau die Freude an und das Staunen über Gott verloren gegangen ist, kann die Schlange einen Schritt weiter gehen und deutlicher werden. Sie verlässt die vorsichtige Frageform und widerspricht den Worten Gottes direkt: »Da sprach die Schlange zur Frau: ›Ihr werdet keineswegs sterben. Gott weiß, an dem Tag, an dem ihr davon esst, werden eure Augen aufgehen. Ihr werdet sein wie Gott und wissen, was gut und böse ist!‹« Dieser Gesprächsbeitrag der Schlange ist erstaunlicherweise im Plural formuliert. Die Schlange bezieht Adam schon mit ein! Ihre Argumentation besteht aus zwei Teilen. Der erste Teil ist eine Bestreitung, der zweite Teil eine Verheißung.

Zunächst zur Bestreitung: Sie besteht darin, dass die Schlange die göttliche Begründung des Verbots für unzutreffend erklärt.

Warum eigentlich hatte Gott zum Menschen gesagt: »Denn an dem Tag, an dem du davon isst, wirst du sterben?« Warum stirbt der Mensch durch das Essen der Frucht? Weil der Mensch mit der Übertretung des Verbots die Grundlage seines Lebens zerstört. Wie ist das zu verstehen? Der »Baum der Erkenntnis des Guten und Bösen« steht in dieser Erzählung für den Unterschied zwischen Schöpfer und Geschöpf. Das Leben des Menschen ist das Leben eines Geschöpfes. Ein anderes Leben hat er nicht. Dieses Leben kann nur gelebt werden in der Unterscheidung von Schöpfer und Geschöpf. Die Worte »gut« und »böse« sind nicht moralisch gemeint. Das geht aus den beiden anderen Stellen hervor, an denen in Genesis 2 das gleiche

Wort »gut« (tow) steht. In Genesis 2,9 heißt es, die Früchte der Bäume im Garten Eden seien »gut zu essen«. Und in Genesis 2,18 – direkt nach dem Verbot – sagt Gott: »Es ist nicht gut, dass der Mensch allein ist«. In keinem der beiden Fälle kann das Wort »gut« moralisch gemeint sein. »Gut« ist in beiden Fällen das, was das Leben fördert, was dem Menschen gut tut. Das muss auch für das »gut« gelten beim Baum der Erkenntnis.[13] Entsprechend meint der Gegenbegriff »böse« das, was dem Menschen nicht gut tut, sondern ihm schadet. Das Wort »böse« ist also sinngemäß zu übersetzen mit »schlecht« oder »schädlich«. Wer den Unterschied zwischen dem, was dem Leben gut tut, und dem, was ihm schadet, von der Wurzel her durchschauen will, der muss das Leben durchschauen. Er muss wissen, was »Leben« ist. Das aber weiß nur der, der das Leben geschaffen hat. Das Geschöpf steht im Leben, nicht über dem Leben. Wer weiß, was »Leben« ist, der ist Herr über das Leben. Das aber ist nur der Schöpfer des Lebens. Nur er kann im Tiefsten wissen, was dem Leben gemäß ist. Ihm das zuzutrauen und ihm darin zu vertrauen, heißt vom Baum der Erkenntnis des Guten und Schlechten nicht zu essen. Von diesem Baum zu essen, heißt seinem Schöpfer darin nicht zu vertrauen, sondern aus sich selbst heraus leben zu wollen (als sei man selbst der Schöpfer seines Lebens). Mit dem Essen vom Baum der Erkenntnis gibt der Mensch seinem Schöpfer zu verstehen: »Ich weiß besser als du, was mir gut tut und was mir schadet. Deshalb verfolge ich meine Interessen, ohne nach deinem Willen zu fragen.« Ein solcher Mensch möchte sein Leben nicht mehr aus Gott empfangen. Er will nicht mehr Geschöpf sein, sondern lebt, als ob er selber Schöpfer wäre. Damit aber zieht er sich den Tod zu. Denn er lehnt das einzige Leben ab das er hat: das Leben eines Geschöpfes. Das Verbot, vom Baum der Erkenntnis des Guten und Schlechten zu essen, besagt also: Traue keiner Macht, auch nicht dir selbst, das zu, was nur Gott zuzutrauen ist. Vertraue darauf, dass du in der Zuwendung deines Schöpfers besser aufgehoben bist als in dir selbst und deinem Vermögen. Du brauchst die Grundlagen deines Lebens und deines Personseins nicht selbst zu schaffen. Vertraue der Macht, aus der alles Leben stammt und der sich alles Leben verdankt. Ihr Name ist:

13 Das Wort »Erkenntnis« bzw. »erkennen« meint im Hebräischen nicht in erster Linie eine intellektuelle, theoretische Erkenntnis, sondern einen sehr praktischen Vorgang: ein *Kennenlernen* im Sinne des Vertrautwerdens bzw. des Sich-klar-Werdens.

»Ich bin für dich da.« Diese Macht will unsere Freiheit und will, dass unser Leben ein Garten sei.[14]

Die Schlange behält allerdings Recht mit ihrer Behauptung: »Ihr werdet keineswegs sterben!« Eva und Adam sterben tatsächlich nicht an dem Tag, an dem sie von dem Baum der Erkenntnis essen. So aber war die Begründung des Verbots gemeint. Es geht bei diesem Verbot nicht darum, dass Adam und Eva sterblich werden. Das waren sie ohnehin schon. Denn was aus Erde geschaffen ist, das ist vergänglich (vgl. Gen 3,19). In der Begründung des Verbots heißt es ausdrücklich: »Denn an dem Tag, an dem du davon isst, wirst du sterben.«[15] Gott macht diese Warnung in der Tat nicht wahr. Er wollte durch diese Warnung die Menschen vor einer Übertretung des Verbots bewahren. Nachdem die Menschen aber nach der Frucht gegriffen haben, ist eine neue Situation entstanden. Trotz der Übertretung bleibt Jahwe den Menschen freundlich gesonnen und betreibt Schadensbegrenzung (vgl. Gen 3,21). In der Bibel ist zu unterscheiden zwischen Gottes Zusagen und Gottes Warnungen. Seine Zusagen ändert Gott nicht. Sie bleiben in Kraft: »Was er zusagt, das hält er gewiss« (Ps 33,4). Die Warnungen Gottes sind zwar ernst gemeint und haben ihren Sinn, aber Gott verwirklicht sie des öfteren nicht, weil er den Tod des Menschen nicht will. Das weiß die Schlange. Sie rechnet damit. Sie kalkuliert das Wohlwollen Gottes schon mit ein. Das ist das Schlimme an ihrer Klugheit. Sie macht aus Gottes Güte ein Argument zum Sündigen. Das ist allerdings ein böser Umgang mit der Güte Gottes.

Nachdem die Schlange die Begründung des göttlichen Verbots aus dem Weg geräumt hat, weckt sie das Verlangen der Frau durch gezielte Verheißungen. Die Schlange weiß um die Bedeutung von Verheißungen. Nicht nur Gott ist ein verheißender Gott, auch die Schlange ist eine verheißende Schlange. Der Mensch will positiv gewonnen werden. Bis heute arbeitet jede Werbung und jede Propaganda mit diesem Mittel. Die Schlange erscheint als Interessenvertreterin der Frau. Sie verspricht der Frau, dass ihr ganz neue Dimensionen aufgehen werden. Sie suggeriert ihr eine enorme Steigerung an Lebensqualität. Sie verspricht, Eva werde ihr Leben souverän gestalten können, weitaus besser als bisher. Gleichzeitig verdächtigt sie Gott, genau das dem Menschen vorzuenthalten. Hinter einem solchen Verhalten Gottes

14 Vgl. dazu in diesem Buch den ersten Vortrag »Der Garten Eden – Symbol des Lebens«.

15 Es heißt nicht: »An dem Tag, an dem du davon isst, wirst du sterblich.«

können keine guten Motive stecken. Bei einem solchen Gott muss man aufpassen, dass man nicht zu kurz kommt.

5. Der Griff nach der Frucht und die Rolle von Frau und Mann

»Und die Frau sah, dass von dem Baum gut zu essen war und dass er eine Lust für die Augen war und verlockend, weil er klug macht. Und sie nahm von seiner Frucht und aß.« Die Frau fühlt sich von dem Baum angezogen. Sie ist voller Erwartungen. Sie hat alle Sinne beieinander. Sie tut alles freiwillig und gern. Alles geschieht ohne Druck und Überrumpelung. Sie selbst will es. Sie ist nicht Opfer der Umstände. Die eigentliche Tat wird nur sehr knapp erzählt: »Und sie nahm von seiner Frucht und aß.« Die Vorgeschichte, die zu dieser Tat geführt hat, wird wesentlich ausführlicher erzählt, als die Tat selbst. Das ist bezeichnend für die Qualität dieser Erzählung. Autoritäre und konventionelle Formen von Religion und Moral sind meist auf Gebotsübertretungen fixiert. »Hast du schon gehört, Frau XY von gegenüber ist fremdgegangen!« Die Vorgeschichte, wie es dazu kam, interessiert meist nicht ernsthaft. In Wirklichkeit aber ist die Vorgeschichte wichtiger als die eigentliche Übertretung. Die Würfel fallen viel früher. Um das zu verstehen, bedarf es allerdings des Einfühlungsvermögens und des Verstehenwollens. Die Selbstgerechten machen sich diese Mühe nicht. Der Erzähler unserer Geschichte macht sie sich.

»Und sie gab auch ihrem Mann, der bei ihr war. Und er aß auch.« Die Verteilung der Frauen- und Männerrolle in dieser Geschichte ist erstaunlich. Dass die Schlange an die Frau herantritt und nicht an den Mann, ist – nach allem, was sich in dieser Erzählung erkennen lässt – durch den Aufbau der Geschichte bedingt. Gott hatte das Verbot an den Mann gerichtet. D.h. die Frau hat von diesem Verbot nur durch den Mann gehört. Deshalb wendet sich die Schlange an sie als der Nichtoriginalzeugin des Verbots. D.h. der Umstand, dass die Schlange sich an die Frau und nicht an den Mann wendet, hat nichts mit der Weiblichkeit der Frau zu tun, sondern ergibt sich aus der Erzählkomposition.[16] Doch die Frau diskutiert wenigstens mit der Schlange. Der

16 Sexuelle Deutungen der Beziehung zwischen der Schlange und der Frau gehen am Sinn des Textes vorbei. Es findet sich diesbezüglich kein Hinweis. Zwar ist die Schlange tiefenpsychologisch gesehen ein Phallussymbol und das Wort »Schlange« im Hebräischen männlich, das besagt aber für die Erzähldynamik und Erzählintention dieser Geschichte nichts. Die Erzählabsicht liegt auf einer anderen Ebene.

Mann steht die ganze Zeit stumm daneben. Er greift nicht in den Dialog zwischen Schlange und Frau ein. Als die Frau ihm die Frucht reicht, nimmt er sie wortlos. Nirgendwo findet sich ein Hinweis, dass er zögert, oder vorher versucht hat, die Frau vom Essen der Frucht abzuhalten. Adam, der erste »Mitesser«, um nicht zu sagen Mitläufer. Meine verehrten Herren, wir können es drehen und wenden, wie wir wollen: besonders gut sehen wir in dieser Geschichte nicht aus. In manchen frommen Nacherzählungen dieser Geschichte kommt der Mann erst abends nach Hause, nachdem das Gespräch zwischen der Schlange und der Frau beendet ist. Er weiß nicht, dass die Frucht, die die Frau ihm gibt, vom verbotenen Baum der Erkenntnis stammt. D.h. der Mann wird als Unschuldslamm dargestellt. Das ist er aber in unserer Geschichte nicht. Der Mann war die ganze Zeit anwesend. Es hat Bibelausgaben und Kinderbibeln gegeben, die die Bemerkung »der bei ihr war« weggelassen haben. Bibelfälschung im Dienste des Patriarchats.

6. Das Sich-Schämen als Symptom

»Da gingen ihnen beiden die Augen auf und sie erkannten, dass sie nackt waren. Da hefteten sie Feigenblätter zusammen und machten sich Schürzen« (Gen 3,7). In lapidarer Kürze stellt der Erzähler fest, wie sich die Übertretung des Verbots auswirkt. Beiden gehen tatsächlich die Augen auf, wie die Schlange gesagt hatte. Aber das einzige, was sie entdecken ist, *dass sie etwas zu verbergen haben*. Die Übertretung bewirkt, dass die Menschen ihre Nacktheit als etwas Schämenswertes beurteilen. Vor dem Auftritt der Schlange hatte es noch geheißen: »Der Mensch und seine Frau waren nackt. Aber sie schämten sich nicht« (Gen 2,25). Diese Aussage ist der Ziel- und Höhepunkt der ersten Hälfte der Erzählung. Zugleich ist sie die Scharnierstelle zur zweiten Erzählhälfte. Wie wichtig sie für das Verständnis von Genesis 3,1-7 ist, lässt sich daran erkennen, dass der Erzähler am Ende der Schilderung des »Sündenfalls« auf diesen vorher genannten Sachverhalt zurückkommt. Die Erzählung vom Sündenfall ist geradezu eingerahmt von diesen beiden Aussagen. Das »Vorher« und »Nachher« wird am Umgang mit der Nacktheit demonstriert. Noch an zwei weiteren Stellen nimmt der Erzähler im Fortgang der Erzählung Bezug auf die Nacktheit des Menschen. Als Gott in den Garten kommt, verbergen sich der Mann und die Frau vor ihm. Auf dessen Frage antwortet der Mann: »Ich fürchtete mich, weil ich nackt bin. Deshalb verbarg ich mich« (Gen 3,8-10). Gegen Ende der Erzählung heißt es: »Und Jahwe Gott machte dem Menschen und seiner Frau Röcke von Fell und legte sie ihnen um« (Gen 3,21). Keine Frage: mit dem Phänomen der Nacktheit stehen wir vor einem entscheidenden Aspekt der Erzählung. Um ihn ermessen zu können, müssen wir grundsätzlich nach der Rolle des »Sich-Schämens« fragen:

Das Sich-Schämen ist eine rätselhafte Angelegenheit und eine anstrengende Sache. Wer sich schämen muss (modern ausgedrückt: wem etwas peinlich ist), der fühlt sich nicht wohl und ist in diesem Zustand bestimmt nicht glücklich. Das Sich-Schämen ist ein spezifisch menschliches Phänomen. Wenn die Katze vom Tisch springt, weil man sie beim Vernaschen der Wurst erwischt hat, dann schämt sie sich nicht, sondern hat Angst vor der Strafe. Der Mensch aber schämt sich aller möglichen Dinge: seiner Schüchternheit, Ungebildetheit, Ungeschicklichkeit, seiner schlechten Gedanken, Worte und Taten. Immer wenn wir uns schämen, haben wir Angst, dass über uns etwas ans Tageslicht kommen könnte, das auf die anderen einen schlechten oder lächerlichen Eindruck macht. Das Sich-Schämen ist *die Angst vor dem Durchschautwerden*. Deshalb setzen wir eine Maske auf, eine selbstsichere, bescheidene, biedere. Wir spielen eine Rolle. Wir bauen eine Fassade auf. Wir bluffen. Wer sagt schon ehrlich, wie es in ihm aussieht? Wer gibt zu, was er insgeheim über andere denkt? Wer hängt seine intimsten Wünsche an die große Glocke? Wer plaudert über seine verborgensten Sorgen? Niemand. Wir haben alle Angst, dass dabei etwas über uns herauskommen könnte, was wir nicht wollen. Es gibt zwar Menschen, die meinen, sie hätten so altmodische Gefühle wie das Schamgefühl längst abgelegt. Aber das ist eine Täuschung. Zwar macht es vielen nichts aus, sich im Scheinwerferlicht nackt zu zeigen, aber das besagt nicht viel. Das Sich-Schämen bezieht sich auf den ganzen Menschen, auf seine Personmitte. Es bezieht sich mehr auf seelische als auf körperliche Aspekte. Und in dieser Beziehung können auch Nudisten und Stripper/innen sehr verschlossene Menschen sein. Auch sie möchten ihr Innerstes nicht verraten. Wir können es uns alle nicht leisten, uns den anderen völlig offen und unverhüllt zu zeigen.

Warum haben wir die Angst vor dem Durchschautwerden? Wir haben doch alle unsere schwachen Seiten. Warum ist der Mensch darauf angewiesen, den anderen etwas vorzumachen? Die Antwort lautet: Wir haben die Angst vor dem Durchschautwerden *aus Erfahrung*.

Aus Erfahrung wissen oder ahnen wir, was passieren würde, wenn wir den anderen gegenüber ganz offen werden würden. Viele würden dieses Wissen über mich dazu benutzen, mich bei einer passenden Gelegenheit zu verletzen, zu schikanieren oder zu erpressen. Viele Geheimdienste bedienen sich dieser Methode. Es ist nicht schwer, die schlechten Seiten eines Menschen so zusammenzustellen und zu veröffentlichen, dass er damit familiär, beruflich oder politisch erledigt ist. Aber auch dann, wenn die anderen mir gegenüber nicht so übelwollend gesinnt wären, ist es nicht ratsam, unverhüllt zu sein. Viele wären über das, was sie über mich erfahren würden, vielleicht erschrocken. *Das* hätten sie nicht von mir gedacht. Andere wären vielleicht neidisch auf mich. Und wieder anderen wäre es ziemlich gleichgültig, was mit mir los ist. Sie würden nur kurz mit den Achseln zucken und dann wieder zu ihrer Tagesordnung übergehen. Sie haben genug mit sich selbst zu tun. Sie haben weder die Zeit noch die Kraft, sich in meine Lage hineinzuversetzen und Anteil zu nehmen. Weil wir das aus Erfahrung wissen oder ahnen, verschließen wir uns ab einer gewissen Grenze vor den anderen.

In den westlichen Demokratien wird dieses Schutzbedürfnis des Menschen anerkannt und ernst genommen. Jeder Mensch hat das Recht auf einen geschützten Privat- und Intimbereich. Dieses Recht zählt zu den unveräußerlichen Menschenrechten. Das Telefon- und Briefgeheimnis muss vom Staat respektiert werden. Das Schreckliche an den Diktaturen und totalitären Systemen ist, dass sie das Recht auf einen geschützten Privatbereich nicht respektieren. Sie setzen ohne Skrupel Mikrophone und Geheimkameras ein, um »verdächtige« Personen auszuspionieren. Die Vorstellung, dass es einmal technisch möglich werden könnte, *die Gedanken* eines Menschen zu kontrollieren, ist unerträglich. Der Mensch braucht ein Rückzugsgebiet, in dem er vor dem Zugriff der Umwelt geschützt ist. »Wer das Recht auf Geheimnis bestreitet, ist ein Hochverräter der Menschheit« (Kant).

So richtig das alles ist: liegt in dem Zwang, sich vor dem anderen schützen und verstellen zu müssen, nicht auch etwas zutiefst Trauriges? Ist diese Sachlage nicht auch Symptom eines elementaren Schadens im Zusammenleben der Menschen? Der Erzähler von Genesis 2-3 sieht es so. Seiner Sicht nach ist »Sünde« das, was uns dazu bringt, uns voreinander schämen und schützen zu müssen. Verlangt es uns nicht alle danach, uns endlich einmal so geben zu können, wie wir sind, ohne die ständige Angst, dass andere unsere Offenheit in irgendeiner Form gegen uns verwenden oder uns ins Leere ihrer Teilnahmslosigkeit laufen lassen? Wir alle kennen diese Sehnsucht und können sie manchmal nur mühsam unterdrücken. Einmal ganz offen und unverhüllt zu sein, *ohne* sich schämen zu müssen! Wo das möglich ist, da ist Heimat. Da habe ich zu Gottes ursprünglicher Schöpfung gefunden: »Sie waren nackt, aber sie schämten sich nicht« (Gen 2,25). Heimat kann ich mir allerdings nicht selber sein. Sie ist ein soziales Geschehen. Heimat gewährt man sich gegenseitig. Das Ziel der Schöpfung liegt im gegenseitigen Sichgewähren von Heimat.

Nach dem Griff zur Frucht wird es peinlich, sich unverhüllt zu zeigen. Daran zeigt sich, was geschieht, wenn die Erkenntnis des Guten und Schlechten in die Hände des Menschen übergeht. Nach Einschätzung des Sünders ist Verhüllung »gut« und volle Offenheit »schlecht«. Wer sich aber vor dem anderen verhüllt, der hat vor dem anderen Angst. Wer vom Baum der Erkenntnis des Guten und Schlechten isst, bekommt vor den anderen Angst. Denn durch dieses Essen wird aus dem »Guten« das *für mich Vorteilhafte*. Jetzt sucht jeder *seinen* Vorteil. Dann aber muss jeder vor dem anderen auf der Hut sein. Jeder muss seine Schwachstellen verbergen. Sonst nutzt der andere sie zu seinem Vorteil und damit häufig gegen mich aus. So beginnt ein Leben im Verstecken und Verbergen, im Bluff und in der Fassade. Die Übertretung des göttlichen Verbots bringt die Menschen voreinander auf Distanz. In diesem Sinne schreibt Gottfried Benn in einem Gedicht:

»Die vielen Dinge, die du tief versiegelt
durch deine Tage trägst in dir allein,
die du auch in Gesprächen nie entriegelt,
in keinen Brief und Blick sie ließest ein,
die schweigenden, die guten und die bösen,
die so erlittenen, darin du heimlich gehst,
die kannst du erst in jener Sphäre lösen,
in der du stirbst und auferstehst.«

Das ist der Schaden, der unser Leben in Politik, Gesellschaft und Privatleben durchzieht: Der Mensch kann vor dem Menschen nicht alles »entriegeln«. An diesem Schaden leiden wir alle. Im weiteren Verlauf der Erzählung wird das noch deutlicher. Das Leben der Menschen wird durch das Essen vom Baum der Erkenntnis zur Last. Es wird geprägt von Feindschaft und Gefahr, Schmerz und Unterdrückung, Disteln und Dornen, Vergänglichkeit und Tod (vgl. Gen 3,8-19). Dass Gott seine Warnung nicht vollstreckt hat, bedeutet nicht, dass sie nicht ernst gemeint war, oder dass Sünde etwas Harmloses ist. Das ignoriert die Schlange. Deshalb basieren ihre Versprechungen auf Täuschung und Illusion. Listig ist der Mensch, der seinen Vorteil sucht. Und es wird immer solche Menschen geben, die besonders listig sein wollen. Klug und weise aber ist nach der Bibel der Mensch, der die Erkenntnis das Guten und Bösen Gott überlässt, im Interesse von uns allen.

7. Die Rolle der Angst

Es lohnt sich, im Rückblick auf Genesis 3,1-7 zu fragen: Welche Rolle spielt in dieser Geschichte die Angst? Dass sie am Ende der Geschichte eine große Rolle spielt, ist deutlich, denn wer sich voreinander schämt, der hat voreinander Angst. Diese Angst ist eine *Folge* der Sünde. Dass Sünde Angst hervorruft, wurde vonseiten der Kirche stets betont. Der dänische Philosoph Sören Kierkegaard (1815-1855) stellte erstmals die Frage, ob in Genesis 3,1-7 die Angst nicht auch die *Voraussetzung* der Sünde ist. Seine diesbezüglichen Hinweise sind ausgesprochen anregend. Sie haben sich für die Interpretation von Genesis 3,1-7 als fruchtbar herausgestellt.[17]

Die Schlange beginnt ihr Gespräch mit einer gezielten Erinnerung an Gottes Verbot, vom Baum der Erkenntnis des Guten und Bösen zu essen (Gen 2,17). Im Sinne des Erzählers steht dieses Verbot nicht zufällig da. Es bringt zum Ausdruck, dass das menschliche Dasein durch eine ernste, ja tödliche Bedrohung gefährdet ist (»... wirst du sterben«). Diese Gefährdung liegt – daran besteht nach dem Kontext von Genesis 2 kein Zweifel – nicht in ungünstigen äußeren Umständen, sondern im Menschen selbst. Der Mensch ist nach Genesis 2,17 ein Lebewesen, dem das Leben nicht einfach nur gegeben, sondern auch *aufgegeben* ist. Das zeigt sich daran, dass der Mensch sich selbst frag-

17 Vgl. Sören Kierkegaard, Der Begriff Angst. Eine simple psychologisch-hinweisende Erörterung in Richtung der dogmatischen Erbsünde (1844), deutsch: L. Richter (Rowohlts Klassiker, Bd. 71), Hamburg 1960, vor allem Seite 42ff. Zur Aufnahme dieser Anregungen vgl. z.B. Wilfried Härle, Dogmatik, Berlin, New York 2000², 471-475; Eugen Drewermann, Jesus von Nazareth – Befreiung zum Frieden, Bd. 2: Glauben in Freiheit, Zürich, Düsseldorf 1996, 132ff. Die folgenden Ausführungen sind von der hier genannten Literatur angeregt.

lich ist. Er spürt: mein Leben kann gelingen, aber auch scheitern. Der Mensch muss ständig aus vielen Möglichkeiten auswählen. Jede Wahl steht aber unter der Alternative von Gelingen oder Scheitern. Der Mensch muss sein Leben gestalten. Doch dieses Gestalten kann sich als ein Verunstalten herausstellen.

Gehört zum menschlichen Dasein die Gefahr des Scheiterns, dann gehört zum Leben des Menschen *die Angst*. Die Möglichkeit des Scheiterns macht Angst. Es ist eine Angst vor sich selbst und um sich selbst. Der Mensch spürt: ich bin mir selbst eine Gefahr. Ich kann durch eigenes Wollen und Wählen mein Leben zum Scheitern bringen. Ich kann in Freiheit das Falsche tun. Nach dem Kontext von Genesis 2,17 ist diese Angst *kein* Ausdruck der Sünde – die gibt es in Kapitel 2 nicht –, sondern gehört zum Geschöpfsein des Menschen. Sie ist das Resultat einer realistischen Wahrnehmung des eigenen Daseins. Diese Angst ist »normal« und dem Leben so förderlich, wie alles andere, wovon Genesis 2 erzählt. Allerdings *leidet* der Mensch an dieser Angst, denn sie ist ein unangenehmer *Schmerz*. Angst und Schmerz hängen zusammen. Jede Angst wird erlitten. Gehört zum geschöpflichen Leben die Angst, dann gehört zu diesem Leben auch der Schmerz. Den Schmerz aber möchte der Mensch loswerden. *Darin* liegt nach Genesis 3,1-7 der Anlass zu Sünde. – Der Anlass zur Sünde ist allerdings von der Sünde selbst zu unterscheiden. – An diesem Punkt setzt die Versuchung an. Hätte der Mensch keine Angst, dann hätte die Schlange keine Chance.

Wie geht die Schlange mit der geschöpflichen Angst des Menschen um? Sie macht aus der Selbstgefährdung des Menschen eine Gefährdung durch Gott. Sie sagt sinngemäß: »Nimm dich in Acht vor Gott!« Damit verlagert die Schlange die kreatürliche Angst des Menschen auf Gott. Sie sagt zum Menschen nicht: »Nimm dich in Acht vor dir selbst!« In der Perspektive der Schlange ist Gott nicht mehr mein Glück und meine Zuversicht in der Angst, sondern erscheint *als Gefahr* für mein berechtigtes Streben nach Glück. Das Verlockende im Angebot der Schlange besteht in der Aussicht, den Schmerz der Daseinsangst loszuwerden. Auf dieses verlockende Angebot fällt der Mensch herein. Diese Verlagerung der Angst weg von sich selbst, macht die Angst zum Einfallstor der Sünde. Etwas anderes als ich selbst scheint jetzt das Grundproblem meines Daseins zu sein. Dieser Schein ist das Gift, das sich unbemerkt einschleicht und das Zentrum der menschlichen Person vergiftet. Durch die Verlagerung der Angst weg von sich selbst kann der Mensch seine Angst nicht mehr sachgemäß bearbeiten. Das ist nur möglich, wenn der Mensch seine kreatürliche Daseinsangst als ein Element der Schöpfung annimmt. Es gibt keinen Weg, die kreatürliche Angst vor sich selbst und um sich selbst loszuwerden. Doch es ist möglich, diese Angst in der Gemeinschaft mit Gott, im Vertrauen zu ihm, gelassen – manchmal sogar heiter – zu ertragen und sich mit ihr auszusöhnen. Es gibt ja noch andere Aspekte des Daseins: die Daseinsfreude, die Schöpfungswonne, die Dankbarkeit gegenüber dem Schöpfer und Erlöser. Das Misstrauen gegen Gott hilft gegen die Daseinsangst nicht. Es verstärkt sie nur. Wenn wir Gott nicht mehr trauen können, wem dann? Wenn wir der Auffassung sind, dass Gott gegen uns ist, wer könnte dann noch für uns sein?

• Gebet

Gott, wo gibt es das noch in unserem Kulturkreis,
das entkrampfte, fröhlich gestimmte Vertrauen zu dir,
in dem Bewusstsein,
dass du der Gott der großen Freiheit,
dass du der Gott der Lebensfülle,
dass du der Gott des großen, üppigen Gartens bist,
in dem es eine Lust zu leben ist?

Gott, sind wir etwa alle verführt
von dem Schlangengift des Misstrauens,
welches dich in uns
zu einem dunklen Quälgeist verkommen ließ?

Gott, in wie vielen Menschen bist du pervertiert
als dauernder Nein-Sager,
als Verbieter,
als Lebensverhinderer,
als kleinlicher Paragraphenreiter,
als strenger Sittenwächter,
vor dem wir entsetzlich nackt dastehen,
vor dem wir uns misstrauisch schützen müssen,
von dem wir uns absetzen müssen,
um wenigstens unbehelligt
unser eigenes, kleines, privates Leben genießen zu können.

Dich, den Jesus Vater nannte, bitten wir,
zerstöre diesen Nein-Sager-Gott in uns,
lass ihn sterben in uns,
diesen Sittenwächtergott,
und werde in uns lebendig
als der menschenfreundliche Gott,
der uns mit unendlicher Güte
und nie enden wollender Liebe
durchs Leben begleitet.

Gott, vor dir dürfen wir nackt sein,
brauchen uns nicht zu schämen.
Vor dir brauchen wir nichts zu verbergen,
müssen keine fromme Maske aufsetzen.

Und dann, guter Gott,
soll uns deine Menschenfreundlichkeit so erfassen,
dass wir es lernen
auch mit den Schattenseiten und Schwächen
unserer Menschengeschwister umzugehen,
sodass sich auf dieser Erde kein Mensch mehr
in Grund und Boden schämen muss.
Amen

- **Segen**

Seid gesegnet von dem Gott,
der Originale liebt.
Seid gesegnet von dem Gott,
der keinen Menschen hässlich nennt.
Seid gesegnet von dem Gott,
der keine perfekten Helden will.
Seid gesegnet von dem Gott,
der unsere Blößen deckt
mit dem Schutzmantel
seiner liebenden Väterlichkeit,
seiner liebenden Mütterlichkeit.
Amen

»Wenn ihr nicht werdet wie die Kinder« – Kindsein als Modell des Menschseins

Markus 10, 13-16

• Einstimmung

»In den frühen 50er Jahren des 19. Jahrhunderts verbrachte der amerikanische Maler James Whistler eine kurze – und akademisch betrachtet erfolglose – Zeit in West Point, der amerikanischen Militärakademie.

Es wird erzählt, er habe eine Brücke zeichnen sollen, und daraufhin habe er eine romantische steinerne Brücke mit grasbewachsenen Böschungen entworfen, auf der zwei kleine Kinder zu sehen waren, die von der Brücke herab fischen. Der militärische Ausbilder sah sich das Bild an und sagte: ›Nehmen Sie die Kinder von der Brücke, es geht hier um eine Übung für Ingenieure.‹

Der Maler Whistler verbannte die Kinder von der Brücke und zeichnete sie auf der Böschung ein. Dann legte er das Bild erneut vor. Da schrie der Ausbilder wütend: ›Ich habe Ihnen doch gesagt, Sie sollen diese Kinder entfernen. Sie sollen sie ganz aus dem Bild herauslassen!‹

Doch der schöpferische Drang in Whistler war zu stark. Auf seiner nächsten Zeichnung waren die Kinder ganz aus dem Bild heraus. Sie lagen begraben unter zwei kleinen Grabsteinen am Flussufer.«

(nach Anthony de Mello)

Diese kleine Geschichte spricht Bände. Im Grunde genommen empfand der militärische Ausbilder genau das Richtige. Es gibt Dinge in der Erwachsenenwelt, die passen mit dem Kindsein nicht zusammen. – Eine Panzerbrücke und Kinder, nein, das passt nicht. – Doch die entscheidende Frage ist: Verjagen wir deshalb die Kinder aus der Erwachsenenwelt oder verändern wir unsere

Erwachsenenwelt so, dass auch unsere Kinder darin wieder Platz haben?

• Spiel mit Musikinstrumenten

Vor theoretischen Erörterungen sollen Erinnerungen aus der eigenen Kindheit geweckt werden. Dabei sollte das Kind, welches in jeder Frau und in jedem Mann steckt, für einige Augenblicke sich der Lust am Spiel hingeben können. Dem soll dieses Spiel mit Musikinstrumenten dienen. Hierzu sollte allen Teilnehmern und Teilnehmerinnen ein kleines Musikinstrumente zur Verfügung gestellt werden, wie Trillerpfeifen, Kolbenflöten, Trompetentuten, Heulsirenen, Rasseln, Minitrommeln und Heulröhren.

Überleitung zum Spiel:

»Ich liebe die Kinder, sagt Gott,
ich will, dass alle ihnen gleichen.
Ich liebe nicht die Alten, sagt Gott,
es sei denn, sie wären noch Kinder.
Aus den Erwachsenen aber, sagt Gott,
ist nichts mehr herauszuholen.
Sie werden nicht mehr größer,
sie erheben sich nicht mehr,
sie sind stecken geblieben.
Das ist ein Unglück, sagt Gott,
die Erwachsenen meinen,
sie seien schon angekommen.
Ich liebe die großen Kinder, sagt Gott,«
weil auch sie noch fähig sind zu spielen.
Denn im Spielen entdecken sie das Himmelreich
der Sorglosigkeit und Zeitlosigkeit.
Beim Spielen, da glänzen ihre Augen.

(der erste Teil dieses Textes ist ein Zitat von Michel Quoist)

Bevor wir uns in den Kopf begeben, um über das Kindsein nachzudenken, sind Sie eingeladen, das Kind in Ihnen mit einem Musikspiel zu wecken. Dazu haben Sie ganz verschiedene Musikinstrumente erhalten, die jetzt zum Einsatz kommen sollen ...

Hier kommt es auf die Fantasie des Moderators oder des Musikers an, mit den vorhandenen Instrumenten ein Klang-Rhythmus-Spiel zu entwickeln. Es bietet sich an, von einem Grundrhythmus auszugehen, bei dem Takteinheiten bestimmten Instrumenten zugeordnet werden. Heulinstrumente könnten die Takteinheiten miteinander verbinden oder überlagern. Wichtig ist beim Moderieren, dass der Spaß erhalten bleibt und dass jeder Fehler als Beitrag zur guten Laune gewertet wird.

• Körperübung: Der Kopf malt Zahlen

Stehen keine Musikinstrumente zur Verfügung, so kann die folgende Übung mit dem gleichen Ziel eingesetzt werden, kindliche Freude zu wecken. Eine Übung, bei der die Besucher und Besucherinnen stehen sollten.

Sie alle haben als Kind sicher einmal mit Zahlen gespielt. Ich habe mit meiner Schwester oft vor dem Einschlafen um die Wette bis 100 gezählt.

Um kindliche Freude zu wecken, möchte ich Sie zu einem Zahlenspiel einladen.

Zunächst eine kleine Lockerungsübung:
- □ kreisen sie eine Weile mit der rechten Schulter
- □ eine Weile mit der linken Schulter
- □ mit beiden Schultern
- □ nun lassen Sie uns den Kopf ganz ungewöhnlich gebrauchen, indem wir mit ihm Zahlen schreiben. Stellen Sie sich vor, dass sich vor Ihnen, an einer imaginären Wand, eine Tafel befindet und Ihre Nase bildet sozusagen den Schreibstift, mit dem Sie die Zahlen auf diese Tafel malen. Starten Sie jetzt und nun malen Sie langsam mit Kopfbewegungen die Zahlen von eins bis zehn ...

- □ Nun machen wir aus dem Kopfmalen ein Partnerspiel: Sie bilden mit je zwei Personen ein Spielteam ...
- □ Der nächste Schritt ist, dass Sie sich als Zweierteams hintereinander aufstellen. Einer oder eine von beiden muss dabei den Rücken der zweiten Person vor sich haben ... Und nun schreibt der oder die vordere Person mit dem Kopf eine zweistellige Zahl und der oder die dahinter stehende Person versucht diese Zahl an den Kopfbe-

wegungen abzulesen. Anschließend klären Sie, ob Sie die richtige Zahl gelesen haben. Also starten Sie als vordere Person und schreiben mit dem Kopf eine zweistellige Zahl ... klären Sie nun, ob Sie die richtige Zahl gelesen haben ...

- Nun drehen sich alle Paare in die entgegengesetzte Richtung und der oder die andere Person schreibt jetzt mit dem Kopf eine zweistellige Zahl und die hintere Person versucht diese Zahl zu lesen ...
- Lösen Sie sich nun als Paare auf und nehmen wieder den ursprünglichen Stehplatz ein ...
  ich hoffe, dass das Kind in Ihnen Spaß an dieser Übung hatte.
- drehen Sie nochmals mit der rechten Schulter
- mit der linken Schulter
- mit beiden Schultern
- schütteln die Hände aus
- und setzen sich wieder.

- **Meditation: »Mit den Augen eines Kindes«**

»Vor allem aber, sagt Gott,
vor allem liebe ich die Kinder ob ihres Blickes.
Da lese ich ihr Alter ab.
In meinem Reich wird es höchstens Augen von Fünfjährigen geben;
denn ich kenne nichts Schöneres
als einen reinen Kinderblick.

Das ist nicht erstaunlich, sagt Gott.
Ich wohne bei ihnen,
und ich bin es,
der sich aus den Fenstern ihrer Seele beugt.

Wenn ein reiner Kinderblick euch begegnet,
dann bin ich es, der euch zulächelt.

Im Gegensatz aber dazu, sagt Gott,
kenne ich nichts Traurigeres
als erloschene Augen im Antlitz eines Kindes.

Die Fenster sind offen,
aber das Haus ist leer,

zwei schwarze Löcher,
aber kein Licht mehr,
zwei Augen,
aber kein Blick mehr.«

(Michel Quoist)

Ich möchte Sie mit einer Meditation einladen, Ihr Leben mit Kinderaugen wahrzunehmen. Mit Augen, die Sie vielleicht als kleines Mädchen oder als kleiner Junge gehabt haben.

Setzen Sie sich dazu entspannt in die Kirchenbank oder auf Ihren Stuhl.

- □ den Rücken gerade ...
- □ die Hände auf den Oberschenkeln abgelegt ... und um nicht abgelenkt zu werden, schließen Sie bitte die Augen ...

(An dieser Stelle könnte meditative Musik eingesetzt werden, die Sie bis zum Ende der Meditation begleitet.)

- □ Atmen Sie dreimal tief durch, bevor Sie dann ganz normal weiteratmen ...

- □ Öffnen Sie nun innerlich, in der Fantasie, die Augen eines neugierigen, unbeschwerten Kindes ...
- □ Mit diesen offenen, neugierigen Kinderaugen sehen Sie sich Ihr Leben an, welches Sie gerade leben ...
- □ Fangen diese Kinderaugen an zu strahlen, weil sie das Leben, welches sie bei Ihnen entdecken, sehr spannend und interessant finden? ...
- □ Oder werden diese Kinderaugen eher traurig, weil sie bei Ihnen ein gelangweiltes und tristes Leben wahrnehmen? ...

- □ Mit der unendlichen Fantasiekraft eines Kindes verschaffen Sie sich nun Gesellschaft in Ihrer Innenwelt. Mit Ihren Kinderaugen stellen Sie sich zwei wunderschöne Engel vor. Einen zu Ihrer rechten Seite ... und einen zu Ihrer linken Seite ...
- □ Mit Ihren Kinderaugen, die noch an das Geheimnis glauben, nehmen Sie nun wahr, dass diese Engel Ihnen ganz liebevoll zugewandt sind ...

- Sie fangen an, sich rundum wohl zu fühlen in der Gegenwart dieser Engel, die eine Atmosphäre des Friedens, eine Atmosphäre des Vertrauens ausstrahlen ...
- Und das Kind in Ihnen hat das Gefühl, von den Engeln angenommen und wertgeschätzt zu sein, ohne irgendeinen Vorbehalt ...
- Vielleicht sehen und hören Sie mit den Augen und Ohren der kindlichen Vorstellungswelt, wie diese Engel mit Ihnen singen oder tanzen oder spielen oder wie Sie von diesen Engeln liebevoll gestreichelt oder gar zu den Sternen getragen werden, wie der »Kleine Prinz«.

  Egal wie, lassen Sie sich nun eine Weile von diesen Engeln verwöhnen ...

- Nun ist der Zeitpunkt gekommen, sich von den himmlischen Wesen zu verabschieden, wobei Sie in Ihrer ganz eigenen Weise Ihren Dank ausdrücken ...
- Auch die Augen Ihres neugierigen unschuldigen Kindes dürfen Sie jetzt schließen, um dem Kind Ruhe zu gönnen ... Die Augen Ihres Erwachsenen-Ichs dürfen Sie jetzt öffnen, um wieder im Raum, in dem Sie sich befinden, anzukommen ... Zum Wachwerden recken oder strecken Sie sich oder kneifen Sie sich in die Wange ...

Vortrag
»Wenn ihr nicht werdet wie die Kinder« – Kindsein als Modell des Menschseins (Markus 10,13-16)

Und sie brachten Kinder zu ihm, damit er sie anrühre. Aber die Jünger fuhren sie an und wollten sie wegschicken. Als Jesus das sah, wurde er wütend. Er sagte zu seinen Jüngern: »Lasst die Kinder zu mir kommen und hindert sie nicht daran. Denn solchen gehört das Reich Gottes. Amen ich sage euch: Wer das Reich Gottes nicht annimmt wie ein Kind, wird nicht hineinkommen.« Dann umarmte er die Kinder, legte ihnen die Hände auf und segnete sie. (Markus 10,13-16)

Vorbemerkungen

Von der Kindheit und den Kindern kann man in sehr unterschiedlichen Zusammenhängen und Perspektiven sprechen. Es ist ein großer Unterschied, ob Eltern, Erzieher und Lehrer von Kindern reden, Kinder von sich selbst sprechen oder Erwachsene an ihre eigene Kindheit zurückdenken. Am Vertrautesten ist uns die friedliche, gut versorgte Kindheit der mitteleuropäischen Bürgerschicht. Von völlig anderer Art ist die Kindheit der Straßenkinder in Bukarest und Moskau, der prostituierten Kinder in Bangkok, der Kindersoldaten in Afrika, der Kinderarbeiter in Indien und der Kinder, die in totalitären Systemen von Anfang an politisch oder religiös indoktriniert werden. Doch auch innerhalb der Bundesrepublik Deutschland nehmen die Unterschiede zu. Zur Zeit wächst in der BRD jedes siebte Kind in Armut auf (1965 war es noch – in den westlichen Bundesländern – jedes 75. Kind) und leben mehr als 3000 Kinder auf der Straße.

Das Thema »Jesus und die Kinder« wurde erst in den letzten Jahrzehnten gründlicher erforscht. Vergleiche mit der Stellung der Kinder in der Antike gaben zu erkennen, wie erstaunlich das in den Evangelien überlieferte Verhalten Jesu gegenüber Kindern ist. Da sowohl die Kindheit selbst als auch unsere Vorstellungen von der Kindheit einem historischen Wandel unterliegen, ist es unerlässlich, sich zunächst mit der Stellung der Kinder in der Antike zu beschäftigen. Nur in diesem Kontext ist es möglich, Jesu Haltung gegenüber den Kindern angemessen zu interpretieren.

1. Die Stellung der Kinder in der Antike

a. Grundsätzliches

Diejenigen Kinder, die in der Familie aufgezogen wurden, hatten in der Antike durchaus eine beträchtliche Bedeutung, sowohl für die *Familie* als auch für den *Staat*.[18] Der Familie ging es vor allem um folgende Gesichtspunkte:

1. Kinder bewahrten die Sippe vor dem Aussterben. Die Söhne trugen den Namen des Vaters und der Sippe weiter. Die meisten Völker glaubten, der Mensch lebe auf irgendeine Weise in den Kindern und Kindeskindern weiter.
2. Kinder waren wichtige und billige Arbeitskräfte. Man musste nicht viel in sie investieren, weil es noch keine langen Schul- und Ausbil-

18 Die folgenden Ausführungen basieren vor allem auf: Lloyd de Mause, Evolution der Kindheit, in: ders. (Hg.), Hört ihr die Kinder weinen? Eine psychogenetische Geschichte der Kindheit, Frankfurt 2000[10], 12-111.

dungszeiten gab. Dafür konnten sie schon früh in Haus und Hof und auf dem Feld helfen.

3. Kinder waren die einzige Altersversorgung. Eine staatliche Altersversicherung gab es noch nicht.
4. Kinderreichtum war ein Statussymbol. Er war nicht nur Zeichen der Potenz des Mannes und der Fruchtbarkeit der Frau, sondern auch des Wohlwollens der Götter. Mit der Zahl der Kinder stieg das Ansehen und der Einfluss der Sippe. Kinderlosigkeit galt als Unglück und meist auch als Fluch und Strafe der Götter.
5. Kinder erfüllten ein gewisses Zärtlichkeitsbedürfnis der Erwachsenen.

Für den Staat standen politische Gesichtspunkte im Vordergrund:

1. Kinder sicherten den Fortbestand des Volkes.
2. Söhne waren die Soldaten von morgen.
3. Kinder galten in manchen Völkern als religiöse Medien. Sie wurden als unschuldig angesehen, weil sie sexuell noch nicht aktiv waren. Deshalb glaubte man, die Götter könnten Kindern schwerer eine Bitte abschlagen als Erwachsenen. Aus diesem Grund hielt man in Katastrophen- und Krisenfällen Kinderprozessionen für besonders wirksam.

Die genannten Gründe beziehen sich ausnahmslos auf die Bedeutung, die Kinder *für die Erwachsenen* hatten. Bei keinem Gesichtspunkt geht es um das Kind *als Kind*. D.h. nicht, dass die Eltern ihre Kinder nicht liebten. Aber in der Antike galt das Kindsein nicht als eine eigene Weise des Menschseins, mit eigener Würde und einer Bedeutung in sich selbst. Das Kindsein war die »Vorstufe« zum Erwachsensein. Kinder hatten in der Antike keinen eigenen Rechtsstatus. Sie waren – wie die Frauen und Sklaven – der Besitz des jeweiligen Hausvaters. Die Worte »Kind« und »Sklave« haben im Griechischen die gleiche Wurzel. In allen Kulturen wurden die Kinder auf Werte, Normen und Weltanschauungen hin erzogen, die die Erwachsenen für richtig hielten. Bei den Spartanern war die Kriegstüchtigkeit der höchste Wert. Den Griechen ging es um Bildung (paideia). Nur ein gebildeter Mensch war ihrer Auffassung nach Mensch im vollen Sinn des Wortes. Alle Gesellschaften betrachteten die Kinder als eine Art Rohmaterial, das nach den Überzeugungen der Erwachsenen zu formen und zu prägen ist. Kinder wurden nach dem Grundsatz behandelt: du bist noch nicht viel, du wirst erst noch etwas. Man sah das Kind als Mängelwesen an, d.h. als ein Wesen, das (noch) durch bestimmte Mängel gekennzeichnet ist. Ab der Pubertät galt der Mensch als Erwachsener. In der Antike gab es keine »Jugendlichen«.

b. Das Leid der Kinder in der Antike

Die Beurteilung der Kinder nach ihrem späteren Nutzen für Familie und Gesellschaft ging Hand in Hand mit vielen Formen der Missachtung der kindlichen Persönlichkeit. In erster Linie waren davon jene Kinder betroffen, die man nicht als nützlich ansah und deshalb von vornherein nicht aufziehen wollte. Das waren insbesondere vier »Sorten« von Kindern: Mädchen (vor allem ab dem zweiten oder dritten Mädchen), unehelich geborene (illegitime) Kinder, kranke und missgebildete Kinder. Für Letztere war die Situation am Aussichtslosesten.

Die härteste Form der Kinderverachtung war *das Töten von Kindern*. Nach der Geburt eines Kindes war oft die erste Frage: sollen wir es leben lassen oder nicht? Das Töten eines Teils der Kinder war in der Antike üblich und galt nicht als Verbrechen. Die Väter hatten als Besitzer der Kinder das Recht dazu, sowohl nach der Geburt eines Kindes als auch später. In Rom legte man das Neugeborene zu Füßen des Vaters. Hob er es auf, war es angenommen. Ließ er es liegen, war es abgelehnt. Bei kranken und missgebildeten Kindern war das Töten die Regel.[19] Es wurden aber nicht nur kranke und missgebildete Kinder getötet. In manchen Epochen nahm die Kindestötung solche Ausmaße an, dass die Bevölkerung abnahm und die Väter zur Einschränkung der Kindestötung aufgerufen wurden. Wie viele Mädchen getötet wurden, geht aus den statistischen Stichproben hervor, die aufgrund der zur Verfügung stehenden Quellen möglich sind: in manchen Städten kamen auf 150 Männer nur 100 Frauen.

19 Der römische Kaiser Seneca schrieb: »Tolle Hunde bringen wir um, einen wilden und unbändigen Ochsen hauen wir nieder, und an krankhaftes Vieh, damit es die Herde nicht anstecke, legen wir das Messer, ungestalte Geburten schaffen wir aus der Welt, auch Kinder, wenn sie gebrechlich und missgestaltet zur Welt kommen, ersäufen wir. Es ist nicht Zorn, sondern Vernunft, das Unbrauchbare vom Gesunden abzusondern.« Auch für Platon, einen der großen philosophischen Lehrer der Antike, war das Töten bestimmter Kinder das Vernünftigste. In dem von ihm beschriebenen Idealstaat wird es selbstverständlich Kindestötung geben: »Die Kinder der guten Männer und Frauen, denke ich, tragen sie in das Säugehaus der Wärterinnen, die in einem besonderen Teil der Stadt wohnen, die schlechteren aber, und wenn eines von ihnen verstümmelt geboren ist, werden sie, wie es sich ziemt, an einem unzugänglichen und unbekannten Ort verbergen.«

Das Töten von Kindern war eine Art nachträglicher »Geburtenregelung«. Sie geschah aus unterschiedlichen Gründen. In der Unterschicht erfolgte sie aufgrund der Armut. In schlechten Zeiten wussten die Eltern nicht, wie sie sich selbst und die schon vorhandenen Kinder ernähren sollten. In der Oberschicht empfand man die Kinder des öfteren als Last, weil sie das Genießen des Lebens erschwerten. Missgebildete Kinder wurden auch aus religiösen Gründen getötet. In der Antike erklärte man sich Missbildungen meist durch dämonische Herkunft. In vielen Völkern hielt man missgebildete Säuglinge für einen »Wechselbalg«. Man war der Meinung, Unholde hätten ein Kind, das durch Geschlechtsverkehr mit einem Dämon entstanden ist, der Wöchnerin anstelle des eigenen Kindes untergeschmuggelt. Das geschah, weil die Dämonen – so der Volksglaube – ihren Kindern eine Seele verschaffen können, wenn eine menschliche Mutter sie mit ihrer Milch stillt.

Kinder wurden im Bett erstickt, ertränkt, in die Latrine oder auf den Misthaufen geworfen. Ein römischer Historiker schreibt: »Die Latrinen hallten von den Schreien der Kinder wider, die man hineinwarf.« Nur vereinzelte Philosophen äußerten Bedenken gegen die Kindestötung. Erst 374 n. Chr. wurde sie auf Druck der Christen verboten. Doch auch in den christlichen Ländern ging sie heimlich bis ins 18. und 19. Jahrhundert weiter (in vielen Ländern wird Kindestötung noch heute praktiziert). Eine Spezialform der Kindestötung war das *Kinderopfer*. Durch solche Opfer sollten die Götter besänftigt werden. Weil man den Göttern nur das Beste opfern konnte, waren vor allem die erstgeborenen Söhne betroffen. Kinderopfer sind in Karthago und im Orient belegt, aber auch in Rom und anderswo.

Wollte man ein unerwünschtes Kind nicht töten, konnte man es *aussetzen*. In der Regel setzte man es im Wald (vgl. das Märchen Hänsel und Gretel), am Straßenrand, oder vor der Tür anderer Leute aus. Noch heute finden sich in vielen Ländern ausgesetzte Kinder in Mülltonnen, Abfalleimern, vor der Polizeiwache oder Kirchentür. Ein Großteil der in der Antike ausgesetzten Kinder ist verhungert, verdurstet, erfroren oder wilden Tieren zum Opfer gefallen. Oft haben professionelle Bettler sie gesucht und eingesammelt. Häufig verstümmelten sie die Kinder absichtlich, um wirkungsvoller betteln zu können. Der Brief eines ägyptischen Fremdarbeiters, der an seine zu Hause gebliebene Ehefrau schrieb (1 v. Chr.), ist für antike Verhältnisse typisch: »Ich bitte dich eindringlich, kümmere dich um den

Kleinen und sobald wir unseren Lohn bekommen haben, werde ich ihn dir senden. Solltest du schwanger sein – wenn es ein Junge ist, lass ihn leben, ist es ein Mädchen, setze es aus.«

Zu den antiken Gepflogenheiten zählte auch *das Weggeben und der Verkauf von Kindern*. In den wohlhabenderen Schichten war das Weggeben der Neugeborenen an eine bezahlte Säugamme an der Tagesordnung. Das geschah für ein halbes Jahr oder Jahr, oder auch länger. In manchen Städten waren die Säugammen organisiert (z.B. in Rom). Bis ins 18. Jahrhundert gab die Mehrheit derer, die es sich leisten konnten, ihre Kinder zum Stillen außer Haus. In vielen Völkern war es auch üblich, die im eigenen Haushalt nicht benötigten Kinder – meist ab etwa sieben Jahren – in andere Haushalte zu geben, gegen freies Essen und Wohnen. Die Kinder arbeiteten dort als Diener oder Hausmädchen. Manchmal wurden Kinder auch von Familien, Städten oder Staaten als Pfand für Schulden oder als politische Geiseln weggegeben (um eine Einhaltung eines Abkommens zu garantieren). Kinder wurden auch in die Sklaverei und Prostitution verkauft.

Kindesmisshandlungen kamen in der Antike häufig vor und wurden nicht als solche empfunden. Das Wort »erziehen« bedeutete »züchtigen« bzw. »zähmen«. Missratene Kinder brachten dem Vater Schande. Zur Erziehung gehörte der Stock, der Knebel, die Zuchtrute und der Riemen. Im Orient wurde und wird neugeborenen Mädchen die Klitoris abgeschnitten. »Ungezogene« Kinder schlug man schon in der Wiege. Viele Völker haben bis ins 18. Jahrhundert die Kinder ab dem Krabbelalter eingeschnürt, um sie ruhig zu stellen. Solche Kinder glichen einem Paket, das man ablegen konnte. In späteren Jahrhunderten kam in manchen Ländern das »Gängelband« in Mode, eine Art Leine, mit deren Hilfe man den Aktionsradius der kleineren Kinder begrenzen konnte. Oft wurden Kinder an Stühlen oder am Tragbrett festgebunden. Die Ernährung und Kleidung der Kinder war häufig unzureichend. Groß war das Bedürfnis der Erwachsenen, Kinder einzuschüchtern, um sie gehorsamer und besser »regierbar« zu machen. Man erschreckte sie mit Drohfiguren, sperrte sie im Dunkeln ein und erzählte ihnen von Gespenstern und Dämonen, später auch vom Werwolf, schwarzen Mann, Knochenmann, Blaubart, Pelzmärte, Nikolaus und Knecht Ruprecht.

Ein gezieltes Verhüten von Kinderunfällen ist in der Antike selten zu finden. Viele Kinder stürzten in offene Brunnen, schnitten oder brannten sich. Kinder wurden oft allein gelassen. Pädagogen und pädagogische Lehrbücher gab es in der Antike kaum. Die wenigen Erziehungslehren, die es gab, richteten sich ausschließlich an die höheren Schichten bzw. an den Nachwuchs der Fürsten und Könige. Der unbekannte Autor einer römischen Erziehungslehre mit dem Titel »Kinderzucht« kritisiert die Eltern der römischen Oberschicht, weil sie die Erziehung ihrer Kinder mit Vorliebe *solchen* Sklaven anvertrauen, die zu keiner anderen Arbeit taugen. Er rät ihnen, geeignete Hauslehrer anzustellen. Sein Ziel ist es, Strategien zu entwickeln, wie die Werte und Normen der römischen Oberschicht den Kindern wirkungsvoll beigebracht werden können. Die Römer gaben ihren Kindern ab dem dritten oder vierten Kind keine Namen mehr, sondern nummerierten sie nur noch (Quintus, Sextus, Octavian).

c. Das Kind im antiken Judentum

In Israel sah der Erziehungsalltag in den meisten Dingen nicht viel anders aus als überall sonst in der Antike. Wie alle antiken Gesellschaften war auch Israel patriarchalisch geprägt. Söhne galten mehr als Töchter.[20] Unter Erziehung verstand man eine strenge Zucht, zu der auch die körperliche Züchtigung gehörte (vgl. z.B. Sir 30,1-13). Wie überall, wurden auch in Israel die Kinder in die religiöse Tradition eingeführt, in Sitte und Brauchtum und in die konventionellen Rollenschemata eingeübt. Alle eingangs genannten Gründe für die Bedeutung von Kindern in der Antike (s.o.) galten – mit Ausnahme der Kinderprozessionen – auch in Israel.

Und doch finden sich im Alten Testament und im Judentum verblüffende Hinweise auf eine höhere Wertschätzung der Kinder als sonst in der Antike. Bei Juden war – als einzigem Volk des Mittelmeerraumes – das Töten und Aussetzen neugeborener Kinder verboten. Diese »Merkwürdigkeit« fiel Reisenden immer wieder auf. Das Töten und Aussetzen der Kinder stünde im Widerspruch zu dem Gebot des Schöpfers: »Seid fruchtbar und mehrt euch« (Gen 1,28), dem ersten Gebot, das in der Bibel steht. Der Verkauf von Kindern war auch im Judentum gestattet, allerdings nur innerhalb der jüdischen

20 »Söhne sind eine Gabe Gottes, ein Lohn ist die Frucht des Leibes. Kräftige Söhne sind für den Vater wie Pfeile in der Hand des Kriegers« (Ps 127,3f). Die meisten Bibelübersetzungen übersetzen an dieser Stelle ungenau: »Kinder sind eine Gabe Gottes.« Nach der Geburt eines Sohnes war eine Mutter eine Woche unrein, nach der Geburt einer Tochter zwei Wochen (Lev 12,2.5). Die Erziehungsvorschläge in Sir 30,1-13 beschäftigen sich nur mit Söhnen usw.

Bevölkerung. Auch die größer gewordenen ungehorsamen – »widerspenstigen« – Söhne durften von den Vätern nicht getötet werden. Vielmehr mussten *beide* Eltern eine entsprechende Klage dem Ortsgericht vortragen (vgl. Dtn 21,18-21). In dessen Händen lag das Tötungsrecht. Ob es zu entsprechenden Todesstrafen tatsächlich gekommen ist, wissen wir nicht. Belege hierfür gibt es nicht. Im Judentum sah man Kinder auch nicht im gleichen Maß als »Mängelwesen« an, wie in der griechisch-römischen Kultur. Das Gottesverhältnis der Kinder bestand vom Mutterschoß an: »Du hast mich aus dem Mutterschoß gezogen, du ließest mich geborgen sein an der Brust der Mutter. Auf dich wurde ich geworfen aus dem Mutterleib, vom Mutterschoß her bist du mein Gott« (Ps 22,10f). »Noch ehe ich dich im Mutterleib bildete, habe ich dich erwählt. Ehe du aus dem Mutterschoß hervorgingst, habe ich dich geweiht« (Jer 1,5; vgl. Gal 1,15).

Wie konnte es zu dieser erstaunlichen Wertschätzung der Kinder kommen? Sie wurde ermöglicht durch die fundamentale Bedeutung der *Verheißungen* in der jüdischen Religion. Am Beginn der jüdischen Religion steht *der Aufbruch* der hebräischen Fronarbeiter aus der ägyptischen Zwangsarbeit in ein noch unbekanntes, verheißenes Land. Von da an blieb der Glaube der Israeliten zukunftsbezogen. Die Zusage Gottes, die den Aufbruch aus Ägypten hervorrief (»Ich will mit dir sein und dich in ein schönes, weites Land führen, darin Milch und Honig fließt.« vgl. Ex 3,8.12.17), machte die Zukunft zu etwas Verheißungsvollem. Auch die Propheten Israels sprachen von einer Zukunft, die noch entscheidende Taten Gottes bringen wird. Sie sprachen vom kommenden »Reich Gottes«. In Israel bekam die Zukunft eine größere Bedeutung, als es in der Antike sonst üblich war. In allen antiken Völkern war die *Herkunft* entscheidend, die Tradition der Ahnen. Mit Hilfe des Ahnenkults, der maßgebenden Sozialisationsinstanz der Antike, wurden die Kinder auf die bestehenden Traditionen verpflichtet. Eine Verpflichtung auf die Tradition gab es zwar auch in Israel, aber in Israel bedeutete »Tradition« nicht einfach Orientierung an der Vergangenheit. Zur religiösen Tradition Israels gehörten auch die *Verheißungen* Gottes. D.h. die Tradition selbst war zukunftsorientiert. Wenn man sich in Israel an die Tradition erinnerte, dann erinnerte man sich vor allem auch an die *Hoffnung*, die Israel verheißen ist. Deshalb war in Israel die Generationenfolge nach vorne ausgerichtet, auf die verheißene Zukunft. Diese Bedeutung der Verheißungen, zu der es in keiner antiken Religion eine Parallele gibt, veränderte die Rolle der Kinder. Die Verheißungen konnten nur in Erfüllung gehen, wenn das Volk Israel bis dahin existiert. D.h. Kinder waren die Voraussetzung dafür, dass die Hoffnungen Israels Wirklichkeit werden können. Damit wurden die Kinder »Träger der Verheißung«. Solange Kinder geboren werden, hat Gott offensichtlich vor, seine Verheißungen zu erfüllen. Das machte die Kinder zu Beweisen der Treue Gottes. Diese Zusammenhänge wirkten sich im Alltag der Erziehung nicht immer so aus, dass es mit Händen zu greifen war. Sie spielten aber dennoch eine große Rolle und schufen neuartige Spielräume und Entwicklungsmöglichkeiten.[21]

In diesen Zusammenhang gehört auch, dass der Gott Israels, nach Auskunft des Alten Testaments, ein besonderes Verhältnis zur Kindheit Israels und zu Kindern hat: »Als Israel jung war, hatte ich ihn lieb und rief ihn, meinen Sohn, aus Ägypten ... Ich lehrte Ephraim gehen und nahm ihn auf meine Arme« (Hos 11,1.3). »Nach deiner Geburt wurde nicht einmal deine Nabelschnur abgeschnitten. Niemand hat dich gewaschen und mit Salz abgerieben, niemand dich gewickelt. Kein Mensch hatte Mitleid mit dir und erbarmte sich über dich. Noch am Tag deiner Geburt warf man dich aufs freie Feld, weil jeder nur Verachtung für dich übrig hatte. Ich kam an dir vorüber und sah dich hilflos und blutverschmiert am Boden liegen. Da sagte ich zu dir: ›Du sollst leben und heranwachsen wie eine Blume auf dem Feld‹« (Hes 16,4-7). »Aus dem Mund der Kinder und Säuglinge hast du ein Bollwerk errichtet« (Ps 8,3). Ausgerechnet das Volk Israel, das »kleinste aller Völker« (Dtn 7,7f), hat Gott erwählt.

Die Zukunftsbezogenheit des jüdischen Glaubens wurde zum Mutterboden der jüdischen Messiashoffnung. Der verheißene Messias wird als Kind angekündigt: »Ein Kind ist uns geboren, ein Sohn ist uns gegeben« (Jes 9,6). Da nach jüdischer Auffassung der Messias längere Zeit unerkannt in der jüdischen Bevölkerung leben wird, bevor er als Messias in Erscheinung tritt, kam es zu dem Sprichwort: »In jedem Sohn kann der Messias geboren werden.« In einer patriarchalen

21 Die Väter gelten im Alten Testament nicht einfach als Vorbild der jungen Generation. Das Alte Testament stellt den Heranwachsenden des öfteren das schlechte, abschreckende Beispiel der Väter vor Augen und fordert die jungen Leute auf, ihrer Lebensweise *nicht* zu folgen (vgl. z.B. Ps 78). Das ist für antike Verhältnisse sehr ungewöhnlich. Im Judentum wurde bereits im 2. Jh. v. Chr. eine allgemeine Schule eingeführt (allerdings nur für Jungen). Das war in keinem anderen Volk der Welt der Fall. In Europa wurden allgemeine Schulen erst in der Neuzeit eingeführt.

Gesellschaft kann nur ein Sohn Träger der messianischen Hoffnung sein. Der Messias wird als »Sohn Davids« erwartet. D.h. er wird leiblich, zumindest aber geistlich zu den Nachfahren Davids zählen. Im antiken Judentum entwickelten sich allerdings – was weitaus weniger bekannt ist – auch Ansätze einer *weiblich* gefärbten messianischen Hoffnungstradition. In ihr galt die »chokma« (die Weisheit) als »Tochter Gottes« mit messianischen Aufgaben. Die Weisheit wird dabei nicht im philosophischen Sinn als Tugend verstanden, sondern als eine Weise der Gegenwart Gottes in der Welt, die die Welt zusammenhält und stabilisiert. Nach Spr 8,22-31 ist die Weisheit das erste Werk Gottes vor Grundlegung der Welt. Als Kind bzw. »Liebling« war die Weisheit bei der Erschaffung der Welt an Gottes Seite. »Ich war täglich sein Entzücken und spielte vor ihm allezeit. Ich spielte auf dem weiten Erdenrund und hatte meine Freude an den Menschen« (Spr 8,30f). Zur Zeit Jesu gab es jüdische Kreise, die beide Formen der messianischen Hoffnung in der Erwartung eines »weisheitlichen Messias« zusammengeführt haben.[22] – Im Kontext dieser Hoffnungsgeschichte Israels ist die Haltung Jesu gegenüber den Kindern zu interpretieren.

2. Jesus und die Kinder

Für das Thema »Jesus und die Kinder« sind vor allem zwei Bibeltexte und deren Parallelstellen wichtig: Mk 10,13-16 (vgl. Mt 19,13-15; Lk 18,15-17) und Mk 9,33-37 (vgl. Mt 18,1-5; Lk 9,46-48). Von Bedeutung sind außerdem Mt 11,16-18.25f und 21,14-17.[23] Die folgenden Ausführungen orientieren sich an Mk 10,13-16 (s.o.), berücksichtigen aber auch die anderen Texte.

a. Die Ausgangssituation

»Und sie brachten Kinder zu ihm, damit er sie anrühre« (Mk 10,13 a). So erleben es die Kleinen von den Großen. Sie werden von den Großen »gebracht«: zur Welt gebracht, ins Bett gebracht, in den Kindergarten gebracht, zur Vernunft gebracht und gar nicht so selten auch umgebracht. In diesem Fall werden sie zu Jesus gebracht. Gerade weil

22 Jesus ist im Neuen Testament nicht nur »der Sohn Davids«, sondern auch »die Weisheit Gottes« (1 Kor 1,24 u.ö.).

23 Auch in den Wundererzählungen zeigt sich eine Zuwendung Jesu zu Töchtern und Söhnen.

die Eltern eine so schicksalhafte Rolle im Leben der Kinder spielen, fällt auf, wie unwichtig sie in dieser Geschichte sind. Sie werden weder erwähnt noch angeredet. *Wer* die Kinder zu Jesus bringt, tut nichts zur Sache. Ob die Kinder aus einem guten Elternhaus kommen, wie die Eltern zu Gott und zur Religion stehen, spielt keine Rolle. Die Kinder sind in dieser Geschichte keine Anhängsel der Eltern. Sie werden nicht nach ihnen beurteilt, sondern sind um ihrer selbst willen wichtig. Wir erfahren nur *das Motiv* derer, die die Kinder bringen. Was ist mit dem Wort »anrühren« gemeint? Soll Jesus den Kindern die Hände auflegen und sie segnen (wie es auch jüdische Väter und Priester tun)? Oder sehen die Betreffenden in Jesus darüber hinaus einen Wundermann, dessen Berührungen heilende Wirkung haben? Wir wissen es nicht. Das Wort »anrühren« wird jedenfalls für das anschließend geschilderte Handeln Jesu an den Kindern nicht mehr verwendet (vgl. den Schlusssatz der Geschichte). Es ist für das Verständnis von Mk 10,13-16 – und aller anderen Texte zum Thema »Jesus und die Kinder« – von größter Bedeutung, dass keinerlei nähere Angaben über die betreffenden Kinder gemacht werden. Handelte es sich um Jungen oder Mädchen? Gesunde oder kranke Kinder? Wie alt waren die Kinder? Aus welcher Gesellschaftsschicht stammten sie? Das alles ist unwichtig. Es waren Kinder, das genügt.

»Aber die Jünger fuhren sie an und wollten sie wegschicken« (Vers 13 b). Wenn auch nicht von den Eltern der Kinder die Rede ist, so doch von anderen Erwachsenen. Warum die (männlichen) Jünger ärgerlich wurden, erfahren wir nicht. Auf jeden Fall wollten sie die Kinder nicht zu Jesus lassen. Sie sahen in diesem Vorfall eine Störung oder Zumutung. Kinder sind ihnen nicht wichtig genug, dass Jesus ihnen Zeit und Aufmerksamkeit widmet.

b. Die Reaktion Jesu und seine Zusage

»Als Jesus das sah, wurde er wütend. Er sagte zu seinen Jüngern: ›Lasst die Kinder zu mir kommen und hindert sie nicht daran‹« (Vers 14). Dieser Vers ist die einzige Stelle im Neuen Testament, in der es heißt, Jesus sei »wütend« geworden. Das hier benutzte griechische Wort ist der schärfste Ausdruck, der jemals für eine Reaktion Jesu verwendet wird. Man kann ihn auch übersetzen: »da platzte ihm der Kragen«, oder »da fuhr er aus der Haut«. Die Jünger werden angesichts dieser Reaktion Jesu perplex gewesen sein. Sie hatten es doch nur gut gemeint. Und überhaupt: wegen so einer Lappalie.

Wir aber dürfen es nicht wieder vergessen, dass sich die schärfste Reaktion Jesu angesichts einer Situation ereignete, in der Erwachsene sich abweisend gegenüber Kindern verhalten. Wie wichtig diese Angelegenheit für Jesus ist, zeigt auch seine doppelte Aufforderung: »Lasst die Kinder zu mir kommen« und »hindert sie nicht daran«. An sich hätte die erste, positiv formulierte Aufforderung genügt. Ihre Verdoppelung durch eine negativ formulierte Aufforderung zeigt den Nachdruck, mit dem Jesus spricht. Die schärfste Reaktion Jesu richtete sich nicht gegen seine Gegner, sondern gegen seine Jünger. Und zwar als die Jünger darüber entscheiden wollen, wem sich Jesus zuwenden soll und wem nicht. Die Formulierung »*Lasst* die Kinder zu mir kommen« betont den Freiheitsspielraum der Kinder. Es heißt nicht: »Bringt die Kinder her zu mir.« Der Satz richtet sich gegen eine Bevormundung der Kinder durch die Erwachsenen und setzt voraus, dass die Kinder von sich aus zu Jesus kommen wollen.

Der entscheidende Satz der ganzen Geschichte lautet: »Denn solchen gehört das Reich Gottes« (Vers 14 c). Dieser Satz liefert die Begründung für die unerwartete Reaktion Jesu auf das Verhalten der Jünger. Es handelt sich um eine *Zusage* von großem Gewicht. Sie setzt eine spezielle Zuwendung Gottes zu den Kindern voraus. Mit dieser Zusage durchbricht Jesus das antike Denken vom Kind. Niemand hat bis dahin eine so grundsätzliche und weit reichende religiöse Stellungnahme im Blick auf die Kinder abgegeben. Das Auffallende an dieser Zusage ist, dass sie keine Einschränkung, keine Bedingung und keine Begründung enthält:

Die Stellungnahme Jesu gestattet keinerlei Einschränkung auf eine Auswahl von Kindern. Sie gilt nicht nur den männlichen (beschnittenen), braven, ehelich geborenen und gesunden Kindern, nicht nur den Kindern, deren Eltern einen guten Ruf haben oder religiös engagiert sind. In welchem Verhältnis die Eltern zu Gott stehen, spielt für die Zusage Jesu keine Rolle.[24] Jesus gibt seine Zusage auch nicht unter der Bedingung, dass die Eltern eine religiöse Erziehung versprechen

---

24 Es geht am Sinn der Zusage Jesu völlig vorbei, wenn die Kirche später diese Zusage so interpretierte, dass sie nur denjenigen Kindern gilt, die von den Eltern – bei der Taufe – »zu Jesus gebracht« werden. Dass eine so enge Auslegung von Mk 10,14 c nicht sachgemäß ist, zeigt der Blick auf die anderen Kinderworte Jesu. Die Kinderworte Jesu gelten den Kindern *als Kindern*. Das geht aus den Formulierungen »wie ein Kind« und »wie die Kinder« hervor (im folgenden Vers und in Mt 18,3; vgl. auch Mk 9,33-37; Mt 11,25). Jesu Zusage an die Kinder gilt, *weil* sie Kinder sind. Also gilt sie *allen* Kindern.

oder die Kinder ihm nachfolgen. Er schenkt den Kindern das Reich Gottes ohne Seitenblick auf die Eltern und ohne Seitenblick auf die Reaktion der Kinder. Jesus begründet seine Zusage auch nicht durch bestimmte Eigenschaften der Kinder, etwa ihre »Unschuld«, ihre »Demut«, oder ihren »Kinderglauben«.[25] Er nennt keinen Grund für seine Zusage. Mit ihr macht er allen Kindern dieser Erde das Reich Gottes zum Geschenk. Damit macht er ihnen das größte Geschenk, das ein Mensch bekommen kann. Mehr als das Reich Gottes gibt es nicht. »Reich Gottes« ist gleichbedeutend mit vollem Heil, mit dem Ziel aller Hoffnungen. Dieses Geschenk lässt sich nicht mehr steigern.

Eine gleichlautende Zusage des Reiches Gottes *an Erwachsene* gibt es bei Jesus nicht. Die Erwachsenen behaftet er bei ihrer Verantwortung: »Denn ich sage euch: Es sei denn, dass eure Gerechtigkeit besser ist als die der Schriftgelehrten und Pharisäer, so werdet ihr nicht in das Reich der Himmel kommen« (Mt 5,20).[26] »Es werden nicht alle, die zu mir sagen ›Herr, Herr!‹ in das Reich der Himmel kommen, sondern diejenigen, die den Willen tun meines Vaters im Himmel« (Mt 7,21). »Es sei denn, dass ihr umkehrt und werdet wie die Kinder, so werdet ihr nicht in das Reich der Himmel kommen« (Mt 18,3). »Es sei denn, dass jemand von neuem geboren werde, so kann er das Reich Gottes nicht sehen« (Joh 3,3.5; vgl. entsprechend Mt 23,13; Mk 9,43.45.47; 10,23f.). Nur drei Zusagen Jesu an Erwachsene kommen der Zusage an die Kinder sehr nahe: »Selig seid ihr Armen, denn euch gehört das Reich Gottes« (Lk 6,20; vgl. Mt 5,3). »Selig sind, die um der Gerechtigkeit willen verfolgt werden, denn das Reich der Himmel gehört ihnen« (Mt 5,10). »Fürchte dich nicht du kleine Herde, es hat dem Vater gefallen, euch das Reich zu geben« (Lk 12,32). Diese Zusagen sind ebenfalls ohne Bedingung formuliert. Doch sie gelten nur den Armen, den um der Gerechtigkeit willen Verfolgten und der »kleinen Herde«. Die Zusage an die Kinder aber ist ohne solche Einschränkungen. Sie gilt nicht nur den armen und verfolgten Kindern, sondern allen Kindern. Jesus sagt *bestimmten* Erwachsenen das Reich Gottes zu, aber den Kindern *als Kindern*. Es gibt keine Zusage des Reiches Gottes an Erwachsene *als Erwachsene*. Der gleiche Sachverhalt liegt in Mt 11,25 vor: »Ich preise dich, Vater, Herr des Himmels

25 Dass Jesus die Kinder nicht idealisierend, sondern realistisch sah, zeigt das Gleichnis von den spielenden Kindern (vgl. Mt 11,16-19).

26 Matthäus nennt das Reich Gottes »Reich der Himmel«. Das Wort »Himmel« steht dabei für Gott (vgl. genauso Lk 15,18.21).

und der Erde, weil du dieses vor Weisen und Klugen verborgen, Unmündigen aber offenbart hast.« Diese Aussage Jesu stellt jedes elitäre religiöse Selbstverständnis in Frage. Er spricht denen, die sich selbst als »Kluge« und »Weise« definieren, die Offenbarung Gottes kompromisslos ab. Eine Aussage dieser Schärfe gab es bisher im Judentum nicht. Wer zählte zu den Unmündigen (näpioi)? *Bestimmte* Erwachsene (die Armen und Niedrigen) und *alle* Kinder, d.h. die Kinder *als Kinder*.

Was bedeutet es, wenn Jesus den Kindern *als Kindern* das Reich Gottes zusagt? Es bedeutet, dass Kindsein für Jesus nicht die »Vorstufe« des Lebens ist und das Erwachsensein nicht dessen Hauptstufe. Für Jesus ist das Kindsein eine Lebensphase mit eigener Würde. Seine Zusage an die Kinder bedeutet auch, dass die Erwachsenen im Blick auf das Reich Gottes keinerlei Vorrang vor den Kindern haben. Im Gegenteil: die Art und Weise, wie Jesus seine Zusage an die Kinder formuliert, räumt ihnen *einen Vorsprung* vor den Erwachsenen ein! *Deshalb* sollen die Erwachsenen sich an den Kindern ein Beispiel nehmen und »wie ein Kind« bzw. »wie die Kinder« werden (vgl. den nächsten Vers und Mt 18,3). Kinder haben eine spezifische Nähe zu Gott und seinem Reich, die ein Erwachsener nicht ohne weiteres hat. Darin liegt eine Provokation jeder Erwachsenengesellschaft, mag sie antik oder neuzeitlich, feudalistisch, kapitalistisch oder sozialistisch sein.

Warum wendet sich nach der Auffassung Jesu Gott den Kindern in besonderer Weise zu? Das wissen wir nicht. Diese Frage ist unbeantwortbar. Wie jede echte Liebe, ist die Liebe Gottes zu den Kindern ohne Grund. *Unsere* Liebe hat angebbare Gründe: »weil du so attraktiv«, »so klug«, »so erfolgreich bist«, »einen guten Charakter hast«, »ich auf dich stolz sein kann«, »du mir Sicherheit und Geborgenheit gibst«. Da in unserer Liebe Gründe dieser Art eine beträchtliche Rolle spielen, gerät sie in Gefahr oder fällt weg, wenn diese Gründe wegfallen. Je tiefer die Liebe ist, desto schwerer können wir Gründe nennen. Die Liebe ist ein Geheimnis. Weil Gottes Liebe ausschließlich Liebe ist, hat sie keinen Grund und hängt auch nicht von Gründen ab. Es hat Gott gefallen, die Kinder zu lieben. Mehr wissen wir nicht.

Die Würde der Kinder wird auch in den anderen Kinderworten Jesu deutlich: »Er winkte ein Kind heran, stellte es in ihre Mitte, umarmte es und sagte zu seinen Jüngern: ›Wer ein Kind aufnimmt in meinem Namen, der nimmt mich auf. Und wer mich aufnimmt, der nimmt nicht nur mich auf, sondern auch den, der mich gesandt hat‹« (Mk 9,36-37). Auch diese Sätze zeigen das große Interesse Jesu an den Kindern und seine enorme Wertschätzung der Kinder. Er identifiziert sich und Gott mit den Kindern. Damit macht er die Kinder zu seinen und zu Gottes Repräsentanten in der Gesellschaft. Der Schöpfer des Himmels und der Erde ist unter uns anwesend in den Kindern und Armen (vgl. Mt 25,31-46). Die Art, wie wir uns den Kindern gegenüber verhalten, gibt Aufschluss darüber, wie wir uns zur Gegenwart Gottes verhalten. Aus den zitierten Sätzen (Mk 9,36-37) geht indirekt auch hervor, in welcher Lage sich viele Kinder im damaligen Palästina befunden haben. Das Wort »aufnehmen« (dechomai) bedeutet »in das eigene Haus aufnehmen«. Jesus spricht hier von Kindern, die in keinem Familienverband mehr leben und keinen festen Wohnort mehr haben. Der Verelendungsprozess, in dem sich damals große Teile der Unterschicht befanden, führte dazu, dass viele Kinder heimatlos wurden. Wer solche Kinder in das eigene Haus aufnahm, gab ihnen eine neue Heimat, rechtlichen Schutz und einen Platz, an dem sie sich nützlich machen konnten. In den wohnungslosen Kindern wartet Gott auf uns und will aufgenommen sein. Aus ihrer Perspektive erlebt er mit, was geschieht und wie die Menschen handeln.

c. Orientierung am Kind

»Amen, ich sage euch, wer das Reich Gottes nicht annimmt wie ein Kind, wird nicht hineinkommen« (Vers 15). Mit diesem Satz macht Jesus in der alles entscheidenden Frage des Reiches Gottes das Kindsein den Erwachsenen zum Modell und Orientierungspunkt. Damit bestätigt dieser Vers die vorherige Zusage an die Kinder (Vers 14c) und zieht aus ihr die Folgerung für die Erwachsenen. Jesus hebt die Bedeutung des Satzes durch eine feierliche Formulierung hervor: »Amen, ich sage euch ...«. Mit diesen Worten kennzeichnet er des öfteren einen Spruch als Offenbarungswort. Das Kindsein liegt nach diesem Wort Jesu nicht einfach hinter uns. Es liegt in gewisser Hinsicht auch vor uns. In den entscheidenden Dingen des Lebens können wir die Kinder nicht überholen. Wir können sie höchstens einholen. Damit kehrt Jesus das übliche Lehr-Lern-Verhältnis zwischen Erwachsenen und Kindern um. In der wichtigsten Sache des Lebens haben die Erwachsenen von den Kindern zu lernen. Es ist gut, wenn wir die Kinder achten und lieben, sie verständnisvoll erziehen und ihnen Hilfen zum Glauben geben. Doch Jesus betont hier noch etwas anderes: Kinder sind eine entscheidende Hilfe für uns. Sie sind wie ein Leuchtturm, der der Erwachsenengesellschaft den Weg in den rettenden Hafen weist. Kinder öffnen uns die Augen für das, was bei Gott wichtig ist. Ihr Zusammenleben mit uns hilft uns, das Wesentliche zu erkennen.

Was ist damit gemeint: wir sollen das Reich Gottes annehmen »wie ein Kind« und »werden wie die Kinder« (Mt 18,3)? Worin liegt das Beispielhafte der Kinder, an dem wir uns orientieren sollen? In der traditionellen Auslegung der Kinderworte Jesu hat man das Beispielhafte der Kinder in bestimmten Eigenschaften der Kinder gesehen: sie seien einfältig, vertrauensvoll, bescheiden, keusch, demütig usw. Hinter solchen Idealisierungen der Kinder – die mit den realen Kindern wenig zu tun haben – steht in aller Regel kein wirkliches Interesse an den Kindern und ihrer Lage. Dahinter stehen meist Vorurteile gegenüber dem kritischen, selbständigen Denken und der konservative Wunsch nach Beibehaltung der bestehenden Zustände. Der Hinweis auf die »Einfalt« und »Naivität« der Kinder ist besonders peinlich. Nie wieder lernt ein Mensch so rasch und so viel wie in den ersten drei Lebensjahren. Kinder sind wissbegierig, interessiert und voller Neugier. Darum sollten sich Erwachsene, die oft aus ihren Schablonen und Gewohnheiten nicht mehr herauskommen, nicht unter Berufung auf die »Naivität« der Kinder bei Gott »lieb Kind« machen wollen. Die romantische Vorstellung von der »Unschuld« der Kinder gibt es in der Bibel nicht.[27] Es geht bei dem »Wie-ein-Kind«-Werden nicht um bestimmte Eigenschaften der Kinder, sondern um ihre grundsätzliche *Lebenssituation*. Diese ist vor allem durch drei Aspekte gekennzeichnet:

1. Kinder verfügen über keine gesellschaftliche Macht. Sie definieren sich nicht vom Gesichtspunkt der Macht her und stufen sich nicht als Inhaber von Macht ein. Um diesen Aspekt geht es Jesus: »Sie kamen nach Kapernaum. Im Haus angekommen fragte Jesus seine Jünger: ›Worüber habt ihr unterwegs gesprochen?‹ Sie schwiegen, denn sie hatten sich gestritten, wer von ihnen wohl der Größte wäre. Da setzte sich Jesus, rief die Zwölf zu sich und sagte zu ihnen: ›Wer der Erste sein will, der muss der Letzte von allen werden und allen anderen dienen.‹ Und er winkte ein Kind herbei ...« (Mk 9,33-36). »Um diese Zeit kamen die Jünger zu Jesus und fragten ihn: ›Wer ist im Reich Gottes der Größte?‹ Da rief Jesus ein Kind

27 Vgl. z.B. 1 Mos 8,21; 2 Kön 2,23f; Jes 1,4; Mt 11,16-17.

herbei, stellte es in ihre Mitte und sagte: »Amen, ich sage euch: Wenn ihr nicht werdet wie die Kinder, kommt ihr nicht in Gottes Reich. Wer sich selbst so niedrig einstuft wie dieses Kind, der ist der Größte im Reich Gottes« (Mt 18,1-4). Sowohl im Markus als auch im Matthäusevangelium ist der Rangstreit der Jünger der Verstehenskontext für die Worte Jesu vom Kindsein. Von diesem Kontext dürfen diese Worte nicht gelöst werden, weil sonst ihre Pointe nicht mehr zu erkennen ist und verloren geht. Jesus will seinen Jüngern bewusst machen, dass zu einem Leben im Reich Gottes eine bestimmte Lebenseinstellung gehört, eine bestimmte Grundhaltung anderen Menschen gegenüber. Das Streben nach Macht und Privilegien, nach den ersten Plätzen ist mit dem Reich Gottes nicht zu vereinbaren.[28] Die Abstände zwischen den Menschen, die sich in Rang, Titel, Kleidung und anderen Statussymbolen ausdrücken, verlieren im Reich Gottes jeden Sinn und jede Berechtigung. Aber nicht nur die Statussymbole verlieren jedes Recht, sondern die sich in diesen Symbolen ausdrückende Herrschaft von Menschen über Menschen. Im Reich Gottes erhebt sich kein Mensch über einen anderen. Wer von seinem hohen Ross nicht heruntersteigt, das Streben nach Macht, Privilegien und den ersten Plätzen nicht aufgeben will, findet nicht den Zugang zum Reich Gottes und kann in ihm nicht leben. »Reich Gottes« heißt für Jesus: Orientierung an den Kindern und an den Armen. Kinder und Arme führen keine Titel. Wo sich Menschen nicht mehr über andere erheben, sondern als Kinder des gleichen Vaters miteinander leben, dort ist das Reich Gottes.[29] Mit diesem Aspekt des Kindseins hängen zwei weitere Aspekte zusammen.

28 Das Streben nach den begehrten Plätzen spielte bei den Jüngern Jesu, wie auch sonst bei den Menschen, immer wieder eine Rolle: »Da gingen Jakobus und Johannes, die Söhne des Zebedäus, zu Jesus und sagten zu ihm: ›Lehrer, wir möchten, dass du uns eine Bitte erfüllst.‹ ›Was möchtet ihr denn‹, fragte sie Jesus. ›Was soll ich für euch tun?‹ Sie sagten: ›Wir möchten, dass du uns in deinem Reich zu deiner Rechten und zu deiner Linken sitzen lässt.‹ Jesus sagte zu ihnen: ›Ihr wisst nicht, was ihr da erbittet‹« (Mk 10,33-38, vgl. die Fortsetzung bis Vers 45). Eine antike Regel lautete: »Jeder soll gemäß seiner Rangstufe Platz nehmen.« Diese Regel galt für Gastmähler, Theateraufführungen, öffentliche Versammlungen u.a. In der Sitzordnung spiegelte sich die Gesellschaftsordnung und wurde so für alle sichtbar. Im (Amphi)Theater beispielsweise nahmen die Höchstrangigen zur ebenen Erde Platz, in unmittelbarer Nähe der Vorführung. Je nach gesellschaftlichem Rang mussten die Menschen die Treppen nach oben steigen und sich damit vom Theatergeschehen entfernen.

29 Vgl. dazu auch in diesem Buch den Vortrag über das Abendmahl, Seite 131ff.

2. Kinder leben von dem, was sie bekommen. Sie brauchen Nahrung, Kleidung, Wohnung und vor allem Zuneigung. Ihr Leben ist ein Annehmen. Sie genieren sich deswegen nicht, sondern finden das Leben in Ordnung so. Der Säugling kann sich die Milch nicht selber besorgen und der Zweijährige nicht die Brausestange. Aber sie greifen ohne Hemmungen zu. Wenn sie etwas brauchen, melden sie sich. Sie fragen: »Hast du etwas mitgebracht?« und fassen in unsere Taschen. So leben Kinder deutlicher in der Weise, in der wir alle Gott gegenüber leben: Geschöpfe leben von dem, was der Schöpfer ihnen gibt. Das Sprichwort: »Man bekommt im Leben nichts geschenkt« stimmt sehr oft im Blick auf die Regeln, nach denen unsere Gesellschaft funktioniert. Aber dieses Sprichwort ist falsch im Blick auf die Grundlagen unseres Lebens. Wir haben unser Leben geschenkt bekommen, unsere Eltern, die Erde mit ihren Landschaften und Rohstoffen, die Sonne und den Sauerstoff. Wir haben alles Entscheidende geschenkt bekommen.
3. Kinder stehen am Anfang. Für sie ist vieles neu. Vieles erleben sie zum ersten Mal. Sie spüren den Reiz des Neubeginns, die Anziehungskraft und Verheißung der Zukunft. Sie leben in Erwartung, wollen groß werden. Sie erwarten viel vom Leben und von uns. Sie sind prall gefüllt mit Möglichkeiten. Was in der Welt ist so voller Möglichkeiten wie ein Kind?

In *diesen Dingen* sollen wir werden wie die Kinder. Da lernen wir nicht aus und bleiben ein Leben lang Schüler der Kinder. So wenig, wie sich Kinder von der Macht her definieren, so wenig sollen auch wir es tun. Wieviel Nähe kann unter uns Menschen entstehen, wenn wir unsere Herrschaftsallüren ablegen und uns nicht mehr über andere erheben. So wie ein Kind von dem lebt, was es bekommt, so sollen wir vom Reich Gottes leben. Wie ein Kind ungeniert nach dem greift was es zum Leben braucht, so sollen wir nach dem Reich Gottes greifen. So viel wie ein Kind vom Leben und von uns erwartet, so viel sollen wir von Gott erwarten. So sehr, wie ein Kind gespannt ist auf die Zukunft, so sollen wir auf Gott und seine Möglichkeiten gespannt sein. Ein solches Lernen von den Kindern führt zu einer neuen Grundeinstellung dem Leben, den Menschen und Gott gegenüber, einer Einstellung, die wir verlernt, vergessen und verdrängt haben und für die wir oft zu stolz sind. Doch wenn der Geist Gottes an uns zu wirken beginnt, dann spüren wir immer deutlicher:

es gibt keine schönere, bessere und menschlichere Einstellung zum Leben.

d. Praktische Konsequenzen

»Dann umarmte er die Kinder, legte ihnen die Hände auf und segnete sie« (Vers 16). Jesus zog aus seinen Worten die Konsequenzen. Das Umarmen ist eine Geste der Zärtlichkeit, der Verbundenheit und des Beschützens. Nur zweimal wird von Jesus gesagt, dass er Menschen »umarmte«. In *beiden Fällen* waren es Kinder (vgl. noch Mk 9,36). Das betreffende griechische Wort ist das zärtlichste Wort, das im Neuen Testament in Bezug auf Jesus verwendet wird. Es schließt ein An-sich-Drücken, Küssen und Streicheln mit ein. Die schärfste und die zärtlichste Reaktion Jesu findet sich in diesem kurzem Text! Das zeigt seine Bedeutung. Von ebenso grundlegender Bedeutung ist das Segnen der Kinder. Die Geste des Handauflegens besagt, dass Jesus sich jedem einzelnen Kind zugewandt hat. Das Wort »Segen« fasst all das Gute zusammen, das der Schöpfer seinen Geschöpfen zukommen lässt. Segen bedeutet Kraft und Mut zum Leben. Das Segnen drückt aus: Gott ist keine Gefahr. Er will uns nichts vorenthalten. Niemand meint es so gut mit seinen Geschöpfen wie der Schöpfer. Kinder sind die Umarmten und Gesegneten Gottes.

Für eine so hohe Wertschätzung der Kinder, wie sie bei Jesus zu finden ist, gibt es kein geschichtliches Vorbild. In dieser Wertschätzung kommt eine spezifische Zuwendung jenes Gottes zum Ausdruck, von dem Jesus aus Nazareth inspiriert war. Jesu Haltung gegenüber den Kindern ist richtungsweisend für die Kirche, die Theologie, die Religionspädagogik und das christliche Erziehungshandeln. An ihr hat sich unser Denken vom Kind und unser Umgang mit den Kindern auszurichten.[30] Was das jeweils bedeutet, müssen wir alle zusammen

30 Nach dem Tod und der Auferweckung Jesu wurde es den Christen zur Gewissheit: in Jesus ist der verheißene Messias gekommen. Gott hat sich in der Auferweckung mit Jesus auf einzigartige Weise identifiziert. Deshalb bekennen Christen Jesus als Gottes Sohn und sprechen von der »Menschwerdung Gottes« in Jesus. Auch das eröffnet neue Perspektiven. Menschwerdung Gottes bedeutet als erstes Kindwerdung Gottes. »Das Wort wurde Fleisch« (Joh 1,14) bedeutet: das Wort wurde Kind. Der allmächtige Gott, der Schöpfer des Himmels und der Erde, wird ein Säugling! Gott war Säugling, Krabbelkind, Kleinkind und Schulkind. Die christliche Rede vom »Kind in der Krippe« bzw. vom »Christkind« besagt: Gott lag in Windeln und schaute uns mit Säuglingsaugen an. Auch dieses Geheimnis hat Folgen für unsere Sicht des Kindseins. Christen können vom Kindsein nicht mehr reden, ohne an die Kindwerdung Gottes zu denken.

immer wieder bedenken und besprechen. Es wird aber auch jeder für sich selbst an seinem Ort und in seinem Kontext herausfinden müssen. Doch was sollte wichtiger und lohnender sein, als sich darin von Gottes Geist anregen zu lassen?[31]

Das Licht der Hoffnung, der Hoffnungsschein des Reiches Gottes, fällt auf jedes neugeborene Kind. Jede Geburt eines Kindes bereichert die Welt. Mit jedem Kind kommt etwas Neues in die Welt, etwas Noch-nie-Dagewesenes. Mit jedem Kind beginnt eine Geschichte der Hoffnung. Unsere Hoffnung auf Gottes Reich hat die Gestalt kindlicher Hoffnung. Warum? Weil die Heimaterfahrung in unserer Kindheit ein Vorgeschmack der Heimat in Gott ist. Wer die Nähe Gottes erfährt, wird wie ein Kind. Anders geht es nicht. Daran kann man es merken, dass es sich wirklich um die Nähe Gottes handelt. Den Hoffnungsschein des Reiches Gottes können nur Kinder sehen und diejenigen, die wie Kinder werden. Wenn du Gott gegenüber wie ein Kind wirst, dann lässt er dich den Hoffnungsschein des Reiches Gottes sehen und dieses Licht wird dein ganzes Leben erleuchten.

Gebet

Zum Gebet sind Sie eingeladen, die Hände vor der Brust zusammenzulegen, wobei die Fingerspitzen zum Himmel zeigen, so, als wenn Sie mit jemandem ein tiefes, ernstes Gespräch führen.

Gott, wir nennen dich Vater
und neuerdings auch Mutter.
Es hört sich sehr schön an,
dieses Wort:
»Wenn ihr nicht werdet wie die Kinder.«
Aber wie, Gott, soll das geschehen

31 Christen sind beauftragt, die Rolle und die Stellung der Kinder in ihrer Gesellschaft immer wieder neu zu erforschen, zu analysieren und nach Wegen zu suchen, die Gesellschaft kinderfreundlicher zu gestalten. In dieser Beziehung ist auch in unserer Gesellschaft noch sehr viel zu tun. Ich kann eine solche Analyse im Rahmen dieses Vortrags nicht leisten. Es ging mir um eine grundlegende biblische Bestandsaufnahme und Motivation. Eine solche Analyse wird in ausgezeichneter Weise in folgendem preiswerten Taschenbuch geboten: »Aufwachsen in schwieriger Zeit – Kinder in Gemeinde und Gesellschaft«. Herausgegeben vom Kirchenamt der Evangelischen Kirche in Deutschland, Gütersloh 1995.

in unserem Erwachsenenalltag,
der zugestellt ist mit 1000 Zwängen?

Wie sollen wir Kind sein
am Arbeitsplatz,
bei Sitzungen,
in Gremien,
beim Studium,
bei Prüfungen,
bei Steuererklärungen und im Berufsverkehr?
Wie sollen wir Kind sein,
wenn es gilt,
cool zu sein,
korrekt zu sein,
wenn es gilt,
formal den Ansprüchen gerecht zu werden,
die Wirtschaft, Schule, Hochschule
und Gesellschaft an uns stellen?

Wie sollen wir Kind sein, Gott,
wenn wir feststellen,
dass sich in unserer Welt weitgehend nur
die erwachsenen Strategen,
die kalten Planer,
die ausgebufften Taktiker durchsetzen,
die ihr Kindsein schon längst an den Nagel gehängt haben?

Gott, dieses Leben in der Erwachsenenwelt ist so schrecklich anstrengend, da wir ständig herausgefordert sind,
etwas zu leisten,
etwas darzustellen.
Wir müssen uns fithalten, um attraktiv zu bleiben,
da sonst die Daumen nach unten zeigen
und wir unsere Anerkennung und unsere Wertschätzung verlieren.

Gott, und bei all dem verkümmert,
vertrocknet das Kind in uns,
der Kern unseres ureigenen Wesens.

Gott, du bietest uns an,
zum Urvertrauen zurück zu finden.
Zu dem Urvertrauen,
dass wir erwünschte und geliebte Wesen sind,
die einen Anspruch auf ein ganz eigenes
erfülltes Leben haben.
Du, Gott, liebst uns einfach,
weil wir da sind.
Vor dir brauchen wir keine Größe,
keinen Erwachsenenpathos rauszuhängen
mit x Verdienstkreuzen,
um ein klein wenig Anerkennung zu finden.

Nein, Gott,
du bietest uns eine Atmosphäre,
du bietest uns einen Raum,
in dem das Kind in uns durchatmen kann,
in dem das Kind in uns wieder Kraft schöpfen kann,
um seinen Platz in unserer
je eigenen Erwachsenenwelt zu erobern.

Und, guter Gott, wir bitten dich um Mut,
dass wir diesem inneren Kind
tatsächlich Freiräume in unserem Erwachsenendasein schenken,
sodass unser Leben wieder einen Glanz bekommt,
der Kinderaugen eigen ist.

Danke, Gott,
dass du zu den Kindern stehst,
den Kindern, die neu das Licht der Welt erblicken,
und den Kindern, die in uns zu Hause sind.

Mit geöffneten Armen, wobei die Handflächen nach oben zeigen, sprechen wir abschließend das Gebet Jesu:

Vater unser im Himmel ... Amen

• Segen (stehend)

Zum Ende des Gottesdienstes bilden wir ein Segensband, indem wir folgendermaßen Kontakt miteinander aufnehmen.

Nehmen Sie Ihre rechte Hand und halten Sie sie auf Herzhöhe neben sich mit der Handfläche nach oben ..., dann die linke Hand mit der Handfläche nach unten auf gleicher Höhe ...

Mit dieser Haltung nehmen Sie mit Ihren beiden Nachbarn oder Nachbarinnen Kontakt auf, indem Sie die Handflächen aufeinander legen ... Schließen Sie bitte Ihre Augen ... und schicken Sie über Ihre Hände ein gutes Wort, einen Segenswunsch oder einen aufbauenden Gruß, in dieses Segensband, das wir jetzt bilden, etwas für die Menschen, mit denen Sie gerade über die Hände für ein paar Augenblicke verbunden sind. Dazu nehmen Sie sich eine Zeit der Stille ...

Mit all dem,
was hier an guten Gedanken und Segenswünschen
in dieses Segensband gegeben wurde,
dürfen Sie in die neue Woche gehen.

Vom Liturgen wird mit geöffneten Armen der Segen allen Beteiligten zugesprochen:

Seid gesegnet von Gott, unserem Vater,
der Freude hat an selbstbewussten Kindern.
Seid gesegnet von Gott, unserer Mutter,
die Freude hat an Kindern,
welche Zugang haben zu ihren eigenen Gefühlen.
Seid gesegnet von Jesus, unserem Bruder,
der Freude hat an Geschwistern,
die zueinander halten.
Seid gesegnet vom Heiligen Geist,
der uns Menschenkindern
immer wieder den Himmel aufreißt.
Amen

Wer ist ein Weiser? – Das Gleichnis vom reichen Kornbauer

Lukas 12,16-20

• Einstimmung

Es waren einmal viele Tiere auf dem Weg zum Himmel. Ein weiser Mensch mit dem gleichen Ziel schloss sich ihnen an und befragte sie nach ihrem Leben.
Da erzählte ein Fuchs von seinen Abenteuern,
ein Eichhörnchen berichtete von seinem beweglichen Dasein,
ein Karpfen schwamm sein Leben träge in großen Zügen vor,
ein Hahn tat sich wichtig mit seinen Pflichten,
ein Regenwurm murmelte ganz dunkle Dinge
und ein Floh wusste viel Menschliches zu berichten.
Als es aber an der Eidechse war zu reden, schwieg diese.
Der Weise wartete, doch die Eidechse schwieg, der Weise sprach ihr gute Worte zu, die Eidechse schwieg, der Weise bot seine ganze Weisheit auf, doch die Eidechse schwieg immer noch. Schließlich, als sie schon dem Himmel nahe waren, züngelte sie ein bisschen, blinzelte einmal und sagte: »Ich habe mich gesonnt.«

(Quelle unbekannt)

Soweit diese Geschichte, und es bleibt die Frage: Wer ist in dieser Fabel eigentlich der Weise? Ist es der Mensch, der alle ausfragt, der seinen Wissenshunger nicht bremsen kann, der nicht spürt, was bei seinem Gesprächspartner gerade dran ist. Oder ist die Eidechse die einzig wirklich Weise in dieser Geschichte, die sich von diesem Fragesteller nicht ablenken lässt von dem, was wirklich wichtig ist in ihrem Leben. Denn für Eidechsen sind Sonnenstrahlen gleich Leben, sind Sonnenstrahlen pure Lebenskraft.

• Geführte Meditation: Galerie der Weisen

Versuchen Sie eine bequeme Sitzhaltung einzunehmen, sodass Sie bei der Meditation nicht gestört werden durch ein verspanntes Körpergefühl ... Stellen Sie sich nun vor, dass Sie eine Eidechse sind, ähnlich der, von der Sie vorher gelesen haben, und stellen Sie sich weiter vor, dass Sie so wie diese Eidechse atmen können. Dazu holen Sie tief Luft und halten dann den Atem einen Augenblick an. Dann legen Sie Ihre Zähne locker aufeinander, öffnen die Lippen und atmen langsam durch die Zähne aus, wobei ein leises Zischgeräusch entsteht. Jetzt stellen Sie sich vor, dass das Zischgeräusch in der Sprache der Eidechsen soviel heißt wie: »Ich möchte mich ausruhen und niemand soll mich dabei stören.« Dann versuchen Sie fünfmal in diesem Sinne zu atmen ...
Atmen Sie nun ganz normal weiter ohne den Atemrhythmus zu beeinflussen ... Schließen Sie die Augen und gehen Sie nach innen, in das Haus Ihrer Seele ... Stellen Sie sich vor, dass es im Haus Ihrer Seele einen Galerieraum gibt, in dem sich etliche Bilder, genauer gesagt, Portraits von Menschen befinden, die nach Ihrem Empfinden weise sind. Menschen, zu denen das Wort »weise« passt. Das können Persönlichkeiten aus der Gegenwart wie aus der Geschichte sein. Nun betreten Sie diesen Galerieraum in Ihrer Seele und entdecken auf der linken Seite Portraits von weisen Menschen aus Ihrem Privatbereich, aus der Verwandtschaft oder dem Freundeskreis ... Vielleicht hängt hier nur ein Bild, vielleicht zwei oder mehr ... Auf der gegenüberliegenden Seite Ihres inneren Galerieraums entdecken Sie Portraits von weisen Menschen aus dem Bereich der Politik. Das können Politiker aus dem Inland wie aus dem Ausland sein. Wen sehen Sie dort mit Ihrem inneren Auge? ... Auf der rechten Seite Ihrer Galerie entdecken Sie Weise aus dem Bereich der Religion. Eventuell aus dem Hinduismus, Buddhismus, aus dem Islam, dem Judentum oder Christentum. Sehen Sie hier ein Bild oder mehrere? ... Nun kommen Sie zur Rückwand, durch deren Tür Sie Ihren Galerieraum betreten haben.

Hier entdecken Sie Weise aus dem Bereich der Kultur, der Musik, Kunst, Literatur oder anderen Kulturbereichen. Menschen, die genial und weise zugleich waren oder sind. Welche Portraits erscheinen Ihnen hier? ...

Öffnen Sie wieder Ihre Augen und sehen Sie sich den hier abgedruckten Galerieraum an.

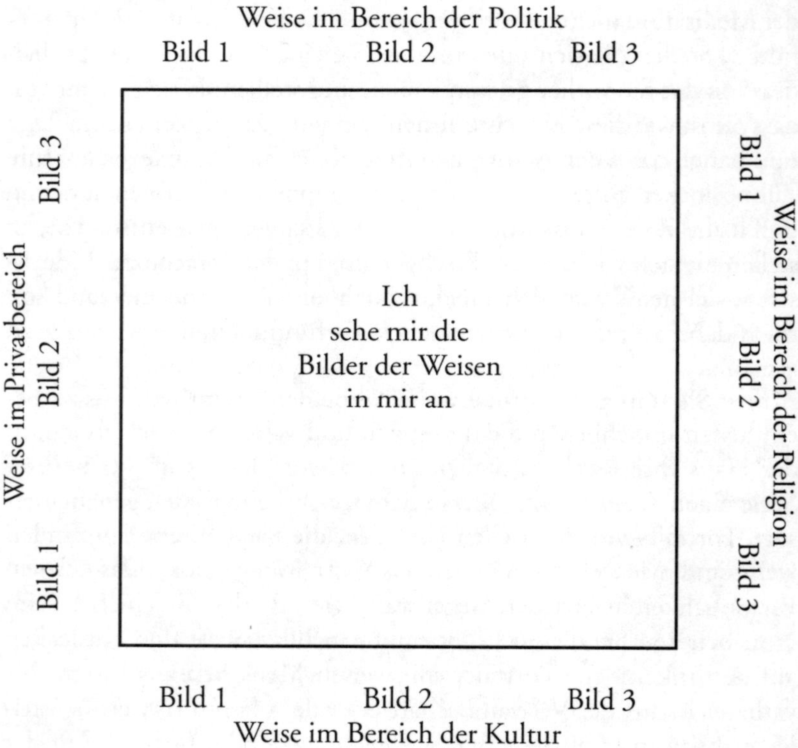

Gehen Sie noch einmal an den Galeriewänden entlang, so, wie Sie es eben in Ihrer Innenwelt getan haben und bleiben Sie gedanklich vor den einzelnen Portraits stehen, und fragen sich, warum gerade dieser Mensch auf Sie weise wirkt? Wenn Sie wollen, dann tragen Sie mit einem Bleistift die Namen Ihrer Weisen in diesen Galerieraum ein.

Abschließend vervollständigen Sie den Satz: Ein weiser Mann, eine weise Frau ist für mich ein Mensch, der ...

Hier bietet sich die Möglichkeit, mit anderen, die neben einem sitzen, für eine kurze Zeit ins Gespräch zu kommen, indem man die Galerieräume vergleicht oder den gerade vollendeten Satz.

Vortrag

»Wer ist ein Weiser?« – Das Gleichnis vom reichen Kornbauer (Lukas 12,16-20)

Das Land eines reichen Mannes hatte gut getragen. Und er dachte bei sich selbst: »Was soll ich tun? Ich habe nicht genügend Raum, wohin ich meine Früchte sammeln kann.« Und er sagte: »Das will ich tun. Ich will meine Scheunen abbrechen und größere bauen. Und dorthin will ich meinen Weizen und meine Güter sammeln. Dann werde ich zu mir sagen: du hast nun einen großen Vorrat gelagert für viele Jahre, ruhe dich aus, iss, trink und sei fröhlich!« Aber Gott sprach: »Du Narr! Noch heute Nacht wird man dein Leben von dir fordern. Und wem wird das alles gehören, was du dir angehäuft hast?« (Lukas 12,16-20)

1. Die Ausgangssituation

»Das Land eines reichen Mannes hatte gut getragen.« Die Anfangssätze der Gleichnisse Jesu sind Basis-Sätze. Sie vollziehen Weichenstellungen für das gesamte Gleichnis. Der Anfangssatz dieses Gleichnisses enthält drei Basisinformationen:

- das Gleichnis spielt auf dem Land (räumlicher Aspekt)
- das Gleichnis spielt zur Erntezeit (zeitlicher Aspekt)
- das Gleichnis spielt in der Oberschicht (gesellschaftlicher Aspekt)

Es ist empfehlenswert, die Interpretation des Gleichnisses mit diesen drei Basisinformationen zu beginnen.

Wie alle Gleichnisse Jesu spielt auch dieses Gleichnis in der Alltagswelt, die dem Hörer vertraut ist. Die Worte »Land« und »gut getragen« skizzieren gleich zu Beginn – zusammen mit den späteren Worten »Früchte«, »Vorratsräume«, »sammeln«, »Weizen«, »Güter« und »lagern« – die bäuerliche Lebenswelt. In der Antike lebten die meisten Menschen auf dem Land und von den Erträgen des Landes. Die Erntezeit war der Höhepunkt im Jahresablauf. Wenn alles gut gegangen war, dann war Erntezeit Freudenzeit (vgl. z.B. Jes 9,2: »Du weckst lauten Jubel. Du machst die Freude groß. Vor dir wird man sich freuen, wie man sich freut in der Ernte.«). Die Ernte entschied über die Versorgungslage der Menschen und des jeweiligen Hauses. Seinen spezifischen Klang erhält der Anfangssatz dieses Gleichnisses aber erst durch das Adjektiv »reich«. Dieses Adjektiv klärt den gesellschaftlichen Standort des Bauern. Er gehört der Oberschicht an.[32] Bei seinem Haus ist an einen Gutshof zu denken, bei seinem »Land« an ausgedehnte Ländereien. Der Bauer besitzt mehrere »Scheunen«. Das gab es in Palästina sehr selten. Das Adjektiv »reich« benennt ein Themenfeld, das Jesus aus Nazareth besonders wichtig war. Keinem anderen Thema widmete er so große Aufmerksamkeit, wie dem Thema »Armut und Reichtum«[33]. Wieviel vom Tun und Denken eines Menschen hängt davon ab, ob er arm ist oder reich? Wahrscheinlich mehr als wir annehmen. Reiche und Arme leben nur scheinbar in der gleichen Welt. Im Grunde leben sie in sehr verschiedenen Welten. Kann ein reicher Mensch einen armen Menschen verstehen? Kann ein armer Mensch einen reichen Menschen verstehen?

Das Gleichnis stellt uns einen reichen Mann vor, der etwas sehr Erfreuliches erlebt. Sein Land hatte »gut getragen« und zwar so gut, dass die vorhandenen Vorratsräume nicht mehr ausreichen. Das sagt viel über die betreffende Ernte. Sie ist außergewöhnlich gut. Man kann sich die Stimmung in jenem Gutshof vorstellen. Was gibt es Schöneres als eine Rekordernte? Der Bauer war auf eine solche Ernte nicht angewiesen. Schon bei einer normalen Ernte wäre er gut versorgt gewesen. Ein Mensch, der genug hat, erhält einen weiteren Zuwachs. Das Spezifische dieses Zuwachses liegt darin, dass er auf »unschuldige« Weise zustande kommt. Der Erntesegen galt in der Antike als die unschuldigste Form des Reichtums. Dieser Reichtum resultiert nicht aus Ellenbogenkämpfen, nicht aus einem Übervorteilen anderer oder sonst einer Ungerechtigkeit.[34] Der Bauer hat nichts genommen.

---

32 Die Gleichnisse Jesu enthalten wenig Adjektive. Das gilt auch für die Kennzeichnung der Personen. Jesus stellt die Personen seiner Gleichnisse meist durch deren Handeln oder Reden vor, nicht durch Adjektive. Das ist ergiebiger und anschaulicher. Die wenigen Adjektive, die er zu deren Kennzeichnung verwendet, sind darum umso wichtiger.

33 Vgl. Mt 5,40; Mt 6,19-21 par; Mt 6,24.25 par; Mt 11,2-6; Mt 19,30; Mt 20,16; Mt 23,14; Mt 25,31-46; Mk 1,17; Mk 10,17-31.46-52 par; Mk 12,41-44; Lk 4,16-19.31-37.38-42; Lk 5,11-16.17-26; Lk 6,6-11.20-21.24-25; Lk 7,22; Lk 12,13-15.16-21.33; Lk 14,12-14.16-24.33; Lk 16,1.19-24; Lk 19,1-10. Auch die Krankenheilungen und Dämonenaustreibungen vollziehen sich im Kreis der Armen. Chronisch Kranke, schwer Behinderte und Menschen, die als »besessen« galten, gehörten in aller Regel nicht (mehr) der Oberschicht an.

34 Natürlich kann man fragen, wie es überhaupt dazu kommt, dass manche Menschen viel Land besitzen und andere wenig. Schon das ist eine Frage nach Recht und Unrecht. Doch diese Problematik wird vom Gleichnis nicht angesprochen. Wie der Bauer oder seine Vorfahren in den Besitz des Landes gekommen sind, ist nicht das Thema.

Er hat etwas bekommen. Dazu gehört ein Quantum Glück. Denn bei allem bäuerlichen Fleiß: eine solche Ernte hat niemand in der Hand. Neben guten Bodenverhältnissen und gutem Saatgut bedarf es dazu des richtigen Wetters, der Bewahrung vor Ungeziefer, Krieg u.a. Nicht der Bauer ist deshalb das Subjekt des Anfangssatzes, sondern »das Land«. Ausschlaggebend ist nicht, dass der Bauer den Hof gut geführt, sondern »das Land gut getragen« hat.

Will man die Ausgangssituation dieses Gleichnisses in den Kontext der Industriegesellschaft übertragen, kann man sich einen reichen Aktionär vorstellen, dessen Aktien einen Sprung nach oben gemacht haben. Oder einen wohlhabenden Bauer, dessen Felder zu Bauland geworden sind. Wir können auch an folgende Beispiele denken: ein ohnehin schon gutsituierter Mensch wird unverhofft befördert, bekommt unerwartet eine Gehaltserhöhung, ein unerwartetes Erbe oder ein attraktives geschäftliches Angebot. Wie geht ein solcher Mensch mit erfreulichen Überraschungen dieser Art um? Das lässt viel über ihn erkennen.

2. Das Selbstgespräch

a) Der erste Teil des Selbstgesprächs:

»Und er dachte bei sich selbst: ›Was soll ich tun? Ich habe nicht genügend Raum, wohin ich meine Früchte sammeln kann.‹ Und er sagte: ›Das will ich tun. Ich will meine Scheunen abbrechen und größere bauen. Und dorthin will ich meinen Weizen und meine Güter sammeln.‹«

Vor wichtigen Entscheidungen führen Menschen gern Selbstgespräche. Greift ein Erzähler zum Stilmittel des Selbstgesprächs, dann möchte er, dass seine Hörer oder Leser an den inneren Überlegungen eines Menschen teilnehmen. Wir erfahren durch dieses Stilmittel etwas über die Innenwelt eines Menschen. Auf keinem anderen Weg kommen wir so nahe an einen Menschen heran, wie über die Kenntnis seiner Selbstgespräche. Im Selbstgespräch ist der Mensch nicht höflich, diplomatisch oder taktisch. Er ist ganz er selbst.

Es ist davon auszugehen, dass dieses Selbstgespräch vor der Ernte stattfand. Der Bauer durchdenkt angesichts der sich abzeichnenden Ernte seine Lage. Die zu erwartenden Erträge müssen fachgerecht gelagert werden. Andernfalls würden Teile der Ernte verderben. Das wäre unverantwortbar. Der Bauer erkennt, dass die vorhandenen Vorratsräume nicht ausreichen. Auf den galiläischen Märkten lassen sich Ertragsmengen dieser Größenordnung auch nicht rasch genug absetzen (vor allem dann nicht, wenn die Ernte allgemein gut ausgefallen ist). Deshalb entschließt sich der Bauer, die notwendigen Maßnahmen zu ergreifen. Er will die vorhandenen Silos abreißen lassen und größere errichten. Kein Bauer bricht alle paar Jahre seine Vorratsräume ab, um neue zu errichten. Man benutzt die vorhandenen Scheunen so lange wie möglich oder man versucht sie zu erweitern. Vielleicht stammen die Scheunen dieses Bauern aus der Zeit seines Vaters oder Großvaters. Trotzdem entschließt er sich dazu, sie abzureißen zu lassen.

Der Bauer handelt gemäß der allgemein anerkannten Ethik, d.h. gemäß der Erwartung der damaligen Hörer. Auf Grund des Selbstgesprächs lässt sich der Bauer folgendermaßen charakterisieren: Er ist realistisch und kann sich rechtzeitig auf eine neue Lage einstellen. Er ist ein tüchtiger Landwirt. Man muss sich hüten, diesen Bauern negativ zu beurteilen. Der Text sagt nirgendwo, dass er »geizig«, »habgierig« oder ein »Wucherer« war, auch nicht indirekt. Ob der Bauer den armen Menschen in seiner Umgebung die damals üblichen Almosen zukommen ließ, wissen wir nicht. Es gibt jedoch keinen Grund, ihm das nicht zuzutrauen. Mit Unterstellungen dieser Art gerät man in der Interpretation auf Abwege.

Ein zentrales Motiv dieses Gleichnisses ist das *»Sammeln«*. Das Wort »sammeln« kommt im ersten Teil des Selbstgesprächs zwei Mal vor. Auch die Worte »lagern« und »anhäufen« stammen aus diesem Wortfeld. Das Wort »anhäufen« steht betont am Schluss des Gleichnisses. Der Begriff »sammeln« ist – wie der Begriff »sparen« – ein Grundbegriff der Ökonomie. Das Sammeln zeigt, dass das Dasein des Menschen eine wirtschaftliche Dimension hat. Von der Steinzeit an lehrt uns das Leben die Notwendigkeit des Sammelns. Die ersten Menschen sammelten Beeren, Pilze und Brennmaterial. Seit der Sesshaftwerdung sammelt der Mensch die Ernteerträge, damit er seinen Hunger bis zur nächsten Ernte bändigen kann. In der antiken Wirtschaftsethik spielt das Sammeln eine fundamentale Rolle. Auch die Bibel betont die Tugend des Sammelns: »Gehe hin zur Ameise, du Fauler, schau ihr Tun an und lerne von ihr. Wenn sie auch keinen Fürsten noch Hauptmann noch Herrn hat, so bereitet sie doch ihr Brot im Sommer und sammelt ihre Speise in der Ernte« (Spr 6,6). »Hastig gerafftes Gut zerrinnt. Wer aber ruhig sammelt, bekommt stets mehr« (Spr 13,11; vgl. auch Josefs Vorratswirtschaft in Ägypten: Gen 41,37ff). Im Grunde sind wir alle Sammelnde. Lehrer und Lehrerinnen sammeln gute Unterrichtsideen und geeignete Medien. Die Ordner der Büro- und Verwaltungsangestellten, der Studierenden und Dozierenden sind Sammelordner. Dorthin sammeln sie Notizen und Unterlagen. Diese Ordner sind im gewissen Sinn ebenfalls »Scheunen«. Der entsprechende Ausdruck im Computerzeitalter lautet »Datei«. Dateien sind die modernen Silos. Das griechische Wort für Scheune heißt »apothäkä«. Von daher kommt unser Wort »Apotheke«. Apotheken sind »Scheunen«, in denen Medikamente gesammelt werden. Auch die Banken sind moderne Silos. In ihnen wird Geld gesammelt. Das gleiche gilt für Bibliotheken. Sie sind Büchersilos.

Der reiche Kornbauer steht mit uns zusammen in einer langen Tradition. Die gesamte Wirtschaft ist eine Sammel- und Lagerungswirtschaft. Darüber hinaus sammeln wir Anerkennung, Pluspunkte und Erfolge. Wir sammeln in allen Bereichen. Weil wir Sorgende sind, sind wir Sammelnde. Darin trifft das Gleichnis einen Grundzug unseres Lebens.

b) Der zweite Teil des Selbstgesprächs:
»Dann kann ich zu mir sagen: Du hast nun einen großen Vorrat für viele Jahre, ruhe dich aus, iss, trink und sei fröhlich.«

Im zweiten Teil des Selbstgesprächs erfahren wir, wie der Bauer sich sein Leben vorstellt, nachdem er seine Pläne verwirklicht haben wird. Bisher war der Ton des Selbstgesprächs analysierend und planend. Jetzt wird er behaglich. Der Bauer hat eine schöne Zeit vor sich und lässt sie schon mal an seinem inneren Auge vorbeiziehen. Er ist dort, wo viele hin wollen: er fühlt sich gesichert. Der erste Zukunftsgedanke des Bauern gilt dem Gefühl der Sicherheit: »Du hast nun einen großen Vorrat für viele Jahre.« Damit nennt das Gleichnis ein Grundbedürfnis des Menschen. Weil zum Menschsein die Sorge gehört, spielt der Wunsch nach Sicherheit eine so große Rolle. Das gilt für die Antike genauso wie für die Neuzeit. In der Neuzeit hat das Sicherheitsdenken eher noch zugenommen, weil Industriegesellschaften in besonderem Maße »Risikogesellschaften« sind. Deshalb kurz einige Gedanken zum Sicherheitsdenken der Neuzeit:

Kennzeichnend für die Neuzeit sind die Versicherungen. Sie versichern uns gegen Unfall, Krankheit, Invalidität, Diebstahl und Tod.

Die Versicherungen lassen sich ihrerseits rückversichern. Banken geben ihre Kredite nur gegen abgestufte Sicherheiten. Die Guthaben auf den Banken und Bausparkassen geben den Konteninhabern das Gefühl einer gewissen Sicherheit. Impfungen und Vorsorgeuntersuchungen sollen ebenfalls Risiken vermindern. Viele Eltern raten ihren Kindern zu »sicheren« Berufen. Wenn die Kinder beruflich »exotische« Wege einschlagen, sind die Eltern besorgt. Auch in Beziehungsfragen und Liebesdingen gehen viele Menschen auf »Nummer sicher«. »Sicherheit am Arbeitsplatz«, »Sicherheit der Arbeitsplätze« und »Sicherheit der Währung« sind gesellschaftspolitische Dauerthemen. Eine Partei formulierte als Wahlslogan: »Wer morgen sicher leben will, muss heute für Reformen kämpfen.« Um die Risiken und Trends der Zukunft besser einschätzen zu können, werden Hochrechnungen in Auftrag gegeben. Besonders massive Formen des Sicherheitsdenkens sind Rüstungsforschung, Rüstungskontrolle und militärische Abschreckung. Das Sicherheitsbedürfnis des Menschen zeigt sich auf allen Ebenen.

Der zweite Teil des Selbstgesprächs bleibt jedoch beim Sicherheitsbedürfnis des Menschen nicht stehen. Das eigentliche Ziel des Bauern ist nicht die Sicherheit, sondern die Lebensfreude: »ruhe dich aus, iss, trink und sei fröhlich«. Damit bringt das Gleichnis zum Ausdruck: Sicherheit ist für den Menschen kein Selbstzweck. Sie ist nur Mittel zum Zweck. Der Mensch will das Leben genießen und feiern. Das Leben soll schön sein. Um dieses Ziel zu erreichen, versucht der Mensch bestimmte Voraussetzungen zu schaffen. In Unsicherheit kann er das Leben nicht genießen. Er braucht eine Basis, von der aus es möglich wird, sich am Leben zu freuen. Bis wir diese Basis haben, sagen wir: Wenn ich erst mal dieses oder jenes habe, *dann* wird das Leben schön. Diese Erwartungshaltung zeigt sich schon bei Kindern und geht bis ins reife Erwachsenenleben. Wenn ich erst mal das Dreirad, das Fahrrad, das Motorrad, das Auto habe. Wenn ich erst mal 18 bin. Wenn ich eine eigene Wohnung habe. Wenn ich diese Stelle habe. Wenn ich verbeamtet bin, Abteilungsleiter bin, meine Doktorarbeit fertig habe. Wenn ich verheiratet bin. Wenn ich Kinder habe. Wenn ich erst mal dieses oder jenes habe oder bin, *dann* ist der entscheidende Schritt für ein schönes Leben getan. So hofft der Mensch. Für den Bauern hat sich diese Hoffnung in wichtiger Hinsicht erfüllt.

Bemerkenswert ist, dass der Bauer kein »Nimmersatt« ist, der immer noch mehr will. Er ist gerade *nicht* habgierig. Nach dieser Ernte ist er zufrieden: »Ruhe dich aus, iss, trink und sei fröhlich«. In diesem Satz äußert sich ein Stück Lebenskunst. Der Bauer freut sich auf die schöne Zeit, die vor ihm liegt. Ist das schlimm? Wer könnte nicht jedes Wort seines Selbstgesprächs nachfühlen? Auch in der Bibel heißt es: »Darum merkte ich, dass es nichts Besseres gibt, als fröhlich zu sein und sich gütlich tun in seinem Leben. Denn jeder Mensch, der isst und trinkt und guten Muts in aller seiner Mühe ist, das ist eine gute Gabe Gottes« (Pred 3,12f).

3. Die unerwartete Stimme

»Aber Gott sprach: ›Du Narr! Noch heute Nacht wird man dein Leben von dir fordern. Und wem wird das alles gehören, was du dir angehäuft hast?‹«

An der genannten Stelle seiner Überlegungen angekommen, wird der Bauer plötzlich unterbrochen. Etwas Unerwartetes, Erschreckendes geschieht. Die Fortsetzung des Gleichnisses ist ein Schock. Der Bauer und die Hörer des Gleichnisses werden unvermittelt mit einem anderen Maßstab konfrontiert. Gott tut das, was er schon öfters getan hat. Er redet dazwischen. Er schaltet sich ein. Er stört durch Zwischenrufe. Und auf einmal sieht alles anders aus. Wenn Gott zu reden beginnt, dann stimmen unsere Theorien nicht mehr.

Das Erschreckende beginnt bereits mit der Anrede: »Du Narr!« Im heutigen Deutsch heißt das: »Du Idiot!« Das ist eine Beleidigung, eine Frechheit. Gott redet kurz und grob. Von den Propheten Israels wissen wir, dass er das öfters tut. Wo bleibt die Höflichkeit? Das Irritierende liegt darin, dass diese Anrede einem Mann gilt, der nach unseren Maßstäben eindeutig richtig gehandelt hat. Stellen wir uns einmal vor: Du bist gerade mit irgendwelchen dringend notwendigen Überlegungen beschäftigt. Da hörst du plötzlich eine Stimme, die zu dir sagt: »Du Idiot!« Das irritiert. Das irritiert vor allem, wenn es sich dabei um die Stimme Gottes handelt. Eines ist dann auf jeden Fall klar: Gott denkt anders als ich. Und wer hat Recht, er oder ich? Der Bauer im Gleichnis war doch in Ordnung! Er hat sich nichts Böses oder Kriminelles vorgenommen. Auch wenn er die eine oder andere Schwäche gehabt hat. Die haben wir doch alle. Deshalb muss man ihn doch nicht gleich als »Narr« bezeichnen. Der Hörer dieses Gleichnisses versteht nichts mehr. Er spürt nur: Gott ist ihm fremd. Gott redet uns nicht nach dem Mund. Allerdings ist zu berücksichtigen, zu *wem*

Gott redet. Seine Worte gelten nicht einem Kind, nicht einem armen, kranken oder deprimierten Menschen, auch nicht einer Frau. Gott redet zu einem reichen Hauspatriarchen, der sich gesichert fühlt. Patriarchen tut es vielleicht auch mal gut, dass ihnen hart widersprochen wird. Gott redet grob zu den Starken und Stolzen, nicht zu Schwachen.

Es heißt in der Bibel: »Der Mensch lebt von *jedem* Wort, das aus dem Munde Gottes kommt« (Dtn 8,3; Mt 4,4). Das gilt auch für das Wort Gottes an den reichen Kornbauer. Wir sollten deshalb diesem harten Wort nicht ausweichen. Wir leben nicht nur von dem angenehmen, sondern auch von dem fremden Wort Gottes. Schlimmer wäre es, wenn Gott schweigen würde. Fragen wir uns also: Was ist an diesem Wort Gottes gut für uns? Wie in anderen Gleichnissen Jesu steht auch am Ende dieses Gleichnisses eine *Frage*. Diese Frage will uns zum Nachdenken bringen. Wir sollen etwas Wichtiges lernen. *Darin* liegt das Gute an dem, was Gott zum Kornbauer sagt. Die Frage, die Gott dem Bauer stellt, hat mit dem Tod zu tun. Deshalb müssen wir uns diesem Thema zuwenden. Erst danach können wir die entscheidende Frage beantworten: Warum war der Bauer ein Narr?

Das Gleichnis vom reichen Kornbauer ist *weisheitlich* geprägt.[35] Jesus spricht in diesem Gleichnis als Lehrer der Weisheit. Das tat er des öfteren. Obwohl im Mittelpunkt seiner Botschaft das Kommen des Reiches Gottes stand, widmete er sich auch weisheitlichen Themen (vgl. Mk 2,27; 7,15; 10,12; Lk 11,40f; Mt 5,43ff; Lk 12,6f; Mt 6,25-34 u.ö.) Diese Themen sind interkulturell und interreligiös. Jede antike Kultur entwickelte eine Weisheit und unterschied zwischen Weisheit und Torheit. Die Einsichten der antiken Weisheit stimmen in hohem Maß überein. Das gilt insbesondere für die orientalische Weisheit. Auch die israelitische Weisheit (vgl. z.B. das Buch der Sprüche) ist der orientalischen Weisheit sehr verwandt. Sie hat allerdings auch spezifische Merkmale, die sich aus dem israelitischen Glauben ergeben. Der israelitische Glaube ist – ab der Exilszeit – monotheis-

35 Unter »Weisheit« versteht man in der Antike die Summe der Lebenserfahrungen. Die Weisheit hilft uns, richtig zu leben. Sie bewahrt den Menschen vor törichten Oberflächlichkeiten und Kurzschlüssen, vor einem Lebensstil, der dem Leben nicht gerecht wird. Die Weisheit ist jedem Menschen zugänglich. Sie ist rational. Es bedarf keiner Offenbarung. Die Weisheit äußert sich in Sprichwörtern, Beispielgeschichten, Tugendkatalogen, Gleichnissen und Märchen.

tisch geprägt. Das unterscheidet ihn von den Umweltreligionen. Gerade auch das israelitische Verständnis des Todes hat spezifische Merkmale. Dieses Todesverständnis ist für die Interpretation des Gleichnisses wichtig. Bevor ich mich dem israelitischen Todesverständnis zuwende, empfiehlt es sich, die allgemeine Weisheit zu berücksichtigen, und zwar vor allem ihre Mahnung »memento mori!« (gedenke des Todes!).

4. Die weisheitliche Mahnung »memento mori!«

Die Mahnung »memento mori!« findet sich in allen Kulturen von der Antike bis in die Neuzeit. Die Verbreitung dieses Motivs zeigt, dass der Mensch aller Kulturen und Zeiten dazu neigt, die Tatsache des Todes zu unterschätzen, insbesondere die Tatsache des eigenen Todes. Diese Neigung ist in der heutigen Zeit eher noch größer geworden, als sie es ohnehin schon war. Das liegt an der Entwicklung der westlichen Welt in den letzten 200 Jahren:

Der heutige Mensch liest und hört häufiger vom Tod anderer Menschen als die Menschen der Antike und des Mittelalters. Doch die Toten, von denen uns die Nachrichten berichten, sind uns nicht persönlich bekannt. Oft handelt es sich um Katastrophenmeldungen, d.h. um den Tod einer großen Zahl von Menschen. Den Tod vieler Menschen können wir aber nicht mitfühlen. Außerdem sind die Nachrichten unserer Medien betont nüchtern und sachlich. Es geht in ihnen nicht um das persönliche Schicksal der Verstorbenen bzw. ihrer Angehörigen, sondern um die technischen Ursachen der Katastrophe und wie sich Ähnliches in Zukunft vermeiden lässt. Solche Nachrichten lösen in uns keinen Trauer- und Reifungsprozess aus. Sie steigern eher unsere Hilflosigkeit im Umgang mit dem Tod. Den Sterbeprozess eines nahestehenden Menschen erlebt der heutige Mensch dagegen seltener als der Mensch früherer Zeiten. Die Menschen sterben heute wesentlich später und meist außerhalb der Familie: im Altenheim, Krankenhaus oder im Straßenverkehr. Nach dem Tod nehmen Bestattungsinstitute die notwendigen Erledigungen ab. In den früheren Jahrhunderten dagegen erlebten schon Kinder und Jugendliche das Sterben von Großeltern, Verwandten, Geschwistern, Spielkameraden, Nachbarn und oft auch den Tod der eigenen Mutter oder des eigenen Vaters mit. Kinder und Jugendliche erkrankten häufiger und standen dann oft selbst am Rande des Todes. Das wochenlange Miterleben des Sterbens eines vertrauten Menschen einerseits und die 30-Sekunden-Katastrophennachricht über den Tod fremder Menschen andererseits sind qualitativ zwei völlig verschiedene Konfrontationen mit der Realität des Todes.

Hinzu kommt, dass sich die Wertvorstellungen der Menschen in den letzten 200 Jahren tiefgreifend gewandelt haben. Die wichtigsten Werte der vorindustriellen Gesellschaften waren die eigene Sippe, die Nachkommen, das eigene Volk und Vaterland. Es waren Werte, die das Leben des Einzelnen überdauern und umgreifen und so das Sterben leichter machten. Auch die Hoffnung auf ein Weiterleben nach dem Tod trug zu einem leichteren Sterben bei. Die zentralen Werte der heutigen Industriegesellschaften sind Leistung, Erfolg, Wachstum, Effektivität, Gesundheit und Schönheit. Diese Werte passen denkbar schlecht zum Tod. In den modernen Gesellschaften werden Tod und Leben immer konsequenter getrennt. Im Grunde hat der Tod im modernen Leben nichts mehr zu suchen. Phasenweise merken wir fast nicht mehr, dass es »ihn noch gibt«. Die Mahnung »memento mori!« ist heute – wo sie besonders am Platz wäre – selten geworden. Aus diesen Gründen steht der moderne Mensch dem Tod hilfloser gegenüber als der frühere Mensch.

In der Antike gab es geradezu eine »Kultur des memento mori«. Die betreffenden Sprichwörter und Geschichten handelten meist vom unerwarteten, plötzlichen Tod, dem bitteren »zu spät«. In einem Märchen aus »1001 Nacht« heißt es z.B. »Ein König sprach an einem Festgelage zu sich selbst: ›O Seele, du hast dir alles Gut dieser Welt angehäuft. Nun gib' dich ihm hin. Lass dir diese Schätze schmecken in einem langen Leben und reichem Glück.‹ In diesem Augenblick wurde er vom Todesengel abgeholt.« Dieses Märchen tadelt die Vermessenheit des Königs, der glaubt, über die Zukunft und über seine Lebenszeit verfügen zu können. Andere Sprüche warnen vor der Illusion des Reichtums: »Mühe dich nicht darum, reich zu werden. Spare dir deine Klugheit für andere Dinge. Du richtest deine Augen auf den Reichtum und er ist nicht mehr da. Er macht sich Flügel. Er fliegt davon wie eine Gans« (Ägyptische Weisheit). Ähnlich heißt es im biblischen Buch Sirach: »Da gibt es einen, der wird reich durch seine Mühe und das Ergehen ist sein Lohn. Zur bestimmten Zeit spricht er: ›Ich habe Ruhe gefunden und werde nun von meinem Gut essen!‹ Er weiß nicht, wann er sein Leben vollenden wird. Er hinterlässt es den Erben und stirbt« (11,16ff).

In den antiken memento-mori-Geschichten geht es immer wieder um die gleichen Einsichten:

1. Erkenne die Begrenztheit des irdischen Lebens. 2. Erkenne, dass du gegen den Tod nie wirklich gesichert bist. 3. Überlege dir gut, ob es sich lohnt, dein Leben dem Erwerb von Reichtum zu widmen.

Es gibt aber auch neuere Beispiele für memento-mori-Mahnungen. In Schillers »Wilhelm Tell« singen die »barmherzigen Brüder« nach dem plötzlichen Tod des Landvogts: »Rasch tritt der Tod an den Menschen heran. Es ist ihm keine Frist gegeben. Er stürzt ihn mitten in der Bahn. Er reißt ihn fort vom vollen Leben.« Hugo von Hofmannsthal behandelt das memento-mori-Thema in seinen Stücken »Jedermann« und »Der Tor und der Tod«. Eine der bedeutendsten philosophischen Analysen der Bedeutung des Todes für das Leben des Menschen stammt von Martin Heidegger (»Sein und Zeit«, 1927).[36] Seine Analyse macht deutlich, dass ohne Berücksichtigung des Todes keine angemessene menschliche Selbsterkenntnis möglich ist. Die wichtigsten Ergebnisse Heideggers sind:

- Der Tod ist nicht nur ein Ereignis am Ende des menschlichen Lebens. Das *ganze* Leben des Menschen ist ein »Sein zum Tode«. Das gilt vom ersten Atemzug an. Der Preis eines jeden Atemzugs ist, dass wir sterben müssen. Sobald ein Mensch begonnen hat zu leben, ist er alt genug zu sterben. Im Unterschied zum Tier ist sich der Mensch seiner Sterblichkeit bewusst. Er lebt stets im Vorhof des Todes. Für den Menschen ist die Zeit immer vergehende Zeit, Verfallszeit. Der Mensch altert ununterbrochen.
- Der Tod ist für den Menschen unberechenbar. Das gilt zumindest für das innere Erleben des Todes, meist aber auch für seinen Zeitpunkt.
- Der Tod ist dem Menschen fremd. Der Mensch kann den Tod nicht probeweise kennen lernen. Der Tod liegt stets vor mir, nie hinter mir. Ich kann nie sagen: »Als ich einmal gestorben war ...«
- Der Tod ist für den Menschen unausweichlich. Er ist die Möglichkeit, die sicher Wirklichkeit wird. Insofern ist der Tod die Grundperspektive des menschlichen Daseins, die Wirklichkeit schlechthin.

36 Sehr wichtig ist auch die Analyse des französischen Philosophen Emmanuel Lévinas: Gott, der Tod und die Zeit, Wien 1996 (franz. 1993), auf die ich in diesem Vortrag nicht eingehen kann.

- ▫ Der Mensch ist gegenüber der Tatsache seiner Sterblichkeit wehrlos. Das empört ihn immer wieder. Dieser Protest zeigt, dass der Tod rational nicht ohne weiteres einleuchtet. Die These Epikurs, Todesfurcht sei Unsinn, hat sich emotional nicht durchsetzen können.

Das Ernstnehmen des Todes hilft dem Menschen allerdings noch nicht unbedingt entscheidend weiter. Das wird an den Situationen deutlich, in denen dem Menschen nichts anderes mehr übrig bleibt, als das »memento mori« ernst zu nehmen. Man denke etwa an schwere Kriegszeiten, Pestepidemien o. Ä. In ausweglosen Situationen, in denen der Mensch mit dem Tod rechnen *muss*, zeigen sich vor allem drei Reaktionsweisen:

- Viele Menschen verfallen in solchen Situationen der Depression und Verzweiflung. Das Leben wird zu einem »Hocken am Rande des Nichts« (Sartre).
- Andere wollen sich vom drohenden Tod nicht lähmen lassen. Sie werden aktiv, dem Tod zum Trotz. Der Arzt in Camus »Die Pest« tut weiterhin seinen Dienst an den Kranken und Sterbenden, obwohl er weiß, dass er bald selbst zu ihnen gehören wird.
- Andere Menschen setzen in solchen Situationen alles auf das Auskosten der verbleibenden Zeit. So schildert z.B. das »Decamerone« das Leben in einer italienischen Stadt, die von einer Pestepidemie entvölkert wird. Die noch lebenden Bürgerinnen und Bürger streifen alle Normen und Hemmungen ab und suchen nur noch die Lust und den Genuss. Typisch für diese Reaktionsweise ist das Motto Epikurs: »Lasst uns essen und trinken und fröhlich sein, denn morgen sind wir tot« (vgl. 1 Kor 15,32).

Das Verblüffende an dem zuletzt genannten Motto ist, dass es den Worten des Bauern im Gleichnis sehr nahe kommt, obwohl der Bauer doch den Tod *nicht* bedenkt! Daran wird deutlich, dass ein Ernstnehmen des Todes noch nicht ohne weiteres zu einer anderen Lebenshaltung führt als zu derjenigen des Bauern.

5. Das Verständnis des Todes in der biblischen Weisheit

Das »memento mori« spielt auch in der Bibel eine Rolle. Die Bibel betont dieses Motto allerdings nicht um seiner selbst willen. Ein isoliertes und melancholisches »memento mori« gibt es in der Bibel nicht. Die biblischen Hinweise auf die Realität des Todes sind kein Ausdruck einer melancholisch-skeptischen Weltanschauung. Das Spezifische des biblischen Todesverständnisses liegt darin, dass die Bibel den Tod konsequent im Blick auf Gott bedenkt, oft in der Form des Gebets:

> »Lehre uns bedenken, dass wir sterben müssen,
> auf dass wir klug werden« (Ps 90,12).
> »Herr, lehre mich, dass es ein Ende mit mir haben muss
> und mein Leben ein Ziel hat und ich davon muss.
> Siehe, meine Tage sind eine Handbreit vor dir,
> Und mein Leben ist wie nichts vor dir.
> Wie gar nichts sind alle Menschen, die so sicher leben.
> Sie gehen daher wie ein Schatten
> und machen sich vergebliche Unruhe.
> Sie sammeln und wissen nicht,
> wer es einnehmen wird« (Ps 39,5-7).

Die Begrenztheit des Lebens und die Realität des Todes sind in der Bibel kein eigenständiges Thema. *Vor Gott* sind die Tage des Menschen »eine Handbreit«. Ziel der biblischen Weisheit ist es nicht, dass der Mensch seine Endlichkeit erkennt, sondern dass er in der Endlichkeit seines Lebens Gott erkennt. Nach der Bibel ist die Zeit des Menschen keineswegs nur vergehende Zeit – das ist sie auch –, sie ist vor allem geschenkte und gewährte Zeit. »Meine Zeit steht in deinen Händen« (Ps 31,16). Der Tod ist in der biblischen Weisheit eine Grenze, die Gott setzt. Daran, dass wir über unser Ende nicht verfügen können, zeigt sich, dass wir über unser ganzes Leben nicht verfügen können, weil Gott darüber verfügt. Er ist sowohl der Herr des Todes als auch der Herr des Lebens. Im Tod tritt Gott an den Menschen heran. Die entscheidende Frage der israelitischen Weisheit lautet: Wie bedenkt man den Tod so, dass man darüber nicht ängstlich, deprimiert oder ausgelassen wird, sondern *klug* (vgl. Ps 90,12)? In dieser Tradition der israelitischen Weisheit steht Jesus aus Nazareth und das Gleichnis vom reichen Kornbauer.

6. Die spezifische Aussage des Gleichnisses

Gott teilt dem Bauer mit: »Noch heute Nacht wird man dein Leben von dir fordern.« Diese kurzfristige Ankündigung steht in betontem Kontrast zu den »vielen Jahren«, von denen der Bauer gesprochen hatte. Damit hebt das Gleichnis einen Aspekt hervor, der aus der allgemeinen antiken Weisheit bekannt ist: gerade der plötzliche Tod zeigt, dass sich der Tod der menschlichen Planung entzieht. Der unerwartet schnelle Tod durchkreuzt alles Sicherheitsdenken des Menschen und kann ihm geradezu überfallartig zu Bewusstsein bringen, auf welch »dünnem Eis« er sich bewegt. Über diesen bekannten Aspekt hinaus enthält die Gottesrede an den Bauern zwei Auffälligkeiten:

Die erste Auffälligkeit besteht darin, dass der Tod *angekündigt* wird. Der Tod ist also mehr als ein biologischer Vorgang. Er »gehorcht« einem anderen, der dem Tod Termine setzen kann. Wer dem Tod Termine setzen kann, der hat Macht über ihn. Wie mächtig muss derjenige sein, der mit dem Tod so umgehen kann? Das Gleichnis sieht im Tod keinen Gegenspieler Gottes, keine Macht außerhalb seines Machtbereichs. Der Tod repräsentiert die Souveränität Gottes. Als Grenze verweist der Tod auf den, der diese Grenze setzt. Darin basiert dieses Gleichnis ganz auf der biblischen Weisheit. Die göttliche Stimme malt den Tod in keiner Weise näher aus. Sie nennt keine Einzelheiten, weder die Todesumstände noch die Todesursachen. Sie schildert den Tod auch nicht als eine Strafaktion. Dem Autor des Gleichnisses kommt es nicht darauf an, Angst vor dem Tod zu schüren. Es geht zwar tatsächlich um die Realität des unerwarteten, plötzlichen Todes, aber nicht die Bedrohlichkeit des Todes steht im Vordergrund, sondern die Souveränität Gottes, der über den Tod verfügt.

Die zweite Auffälligkeit liegt in dem Wort »fordern«. Das dafür verwendete griechische Verb »apaiteo« meint kein willkürliches, autoritäres Fordern (etwa in dem Sinn, in dem ein Dieb fordert: »den Geldbeutel her!«). Das Verb ist ein Fachausdruck für das rechtmäßige Zurückfordern von etwas, das dem *Zurück*fordernden gehört (z.B. ein Darlehen). Das Gleichnis geht mit der gesamten israelitischen Weisheit davon aus, dass das Leben nicht das Eigentum des Menschen ist. Wir gehören nicht uns selbst. Das Leben ist eine Leihgabe, ein anvertrautes Gut. Der Tod des Menschen besteht nach der Bibel darin, dass der Mensch zur Erde »zurückkehrt, woher er genommen ist, wenn sein Leben, das ihm anvertraute Darlehen, zurückgefordert wird« (Weisheit 15,8; vgl. Gen 2,7; 3,19). Das Darlehen »Leben« kann vom Darlehensgeber kurzfristig gekündigt werden. In demjenigen, der uns den Tod ankündigen kann, begegnet uns nicht nur der Herr des Todes, sondern auch der Eigentümer unseres Lebens.

Das Gleichnis lehrt uns eine wichtige Erkenntnis: *nicht der Tod macht das Leben sinnlos, sondern das Leugnen des Todes!* Das richtige Bedenken des Todes kann dagegen zum Schlüssel werden, mit dem wir das Leben begreifen, begreifen als ein Darlehen und anvertrautes Gut. Der ist weise, der durch ein Leben im Angesicht des Todes durchfindet zu einem Leben im Angesicht Gottes. Gott hält unsere Lebensfäden in der Hand. Er spricht deshalb in bestimmten Fällen die Sprache des Todes, damit wir erkennen, dass er der Eigentümer des Lebens ist. Immer wieder ist Menschen in »Grenzerfahrungen« bewusst geworden, dass ihr Leben eigentlich schon immer mit Gott zu tun hatte und ihm gehört.

7. Die Schlussfrage des Gleichnisses

Das Gleichnis endet mit einer Frage. Daran wird deutlich, dass es um ein positives Ziel geht. Fragen zielen auf Nachdenken und Erkenntnisgewinn. In diesem Sinn geht es um eine Selbstüberprüfung des Zuhörers, um ein Durchfinden zu den Grundlagen, die unser Leben tragen.

Die Schlussfrage des Gleichnisses lautet: »Wem wird das alles gehören, was du dir angehäuft hast?« Die Frage zielt auf das Verhältnis von Besitz und Identität. Alles, was wir im Leben anhäufen können, wird nach unserem Tod anderen gehören. Falls unsere Identität in unserem Besitz gründet, ist der Tod das Ende unserer Identität. Zwischen Haben und Sein besteht aber ein entscheidender Unterschied. Das, was ich gesammelt habe, ist nicht das, was ich bin. Der Tod ist der große Subtraktionsvorgang. Er zieht alle Besitztümer ab und damit alle Masken und Hüllen. Der Tod stellt uns vor die Frage: »Wer bist du, wenn du von allem getrennt wirst, was du dir angesammelt hast, von allem entkleidet wirst, mit dem du dich bekleidet hast?« Mit dem Ende unserer Besitztümer ist der Tod auch das Ende der damit verbundenen Illusionen und Lebenslügen. Unsere Lebenslügen sind unsere Götter. Unsere Götter sind unsere Lebenslügen. Anders ausgedrückt: der Tod ist das Ende all dessen, was Gott in unserem Leben

Konkurrenz gemacht, was ihn verdunkelt bzw. zum Verschwinden gebracht und sich selbst an seine Stelle gesetzt hat. Im Tod macht niemand und nichts mehr Gott Konkurrenz. *Insofern* kann das Bedenken des Todes »klug« machen (Ps 90,12).

Die Klugheit, die Psalm 90,12 und die gesamte biblische Weisheit meint, besteht im Aufgeben der eigenen Lebenslügen und Götter, im Zulassen dessen, dass Gott mich desillusioniert. Genau das will dieses Gleichnis erreichen. Es deckt eine Lebenslüge auf, auf die der Mensch immer wieder hereinfällt: er verwechselt seine Lebensmittel mit dem Leben. Die Lebensmittel des Menschen können das Leben weder sichern noch ausfüllen. Das Mehr an Besitz ist noch kein Mehr an Leben. »Was hülfe es dem Menschen, wenn er die ganze Welt besäße und nähme Schaden an seiner Seele« (Mt 16,26)? Warum war der Bauer ein Narr? Weil er dem Besitz die Rolle der Lebenssicherung und der Lebensfreude zutraute. Weil er sich vom Wohlstand die Geborgenheit und Freude geben lassen wollte, die nur vom Schöpfer und Eigentümer des Lebens kommen kann. Das Vorhaben des Bauern war an sich durchaus vernünftig und richtig. Auch wer das Gleichnis vom reichen Kornbauer berücksichtigt, muss bei einer entsprechenden Ernte so handeln, wie der Bauer gehandelt hat. Das Problem liegt nicht in seiner Handlungsweise an sich, sondern darin, ob in dieser Handlungsweise eine Lebenslüge steckt. An unsere Lebenslügen kommen wir deshalb so schwer heran, weil es sich bei ihnen nicht um Einzellügen handelt, sondern um die Lüge im Ganzen. Sehen wir in unserer Habe, in unserer materiellen und finanziellen Absicherung, die Sicherung unseres Lebens? Dann betrügen wir uns selbst. Dann rechnen wir im Einzelnen richtig, aber im Ganzen falsch. Dann sind wir Realisten des Geldes, aber Illusionisten des Lebens. Dann steckt in unserem Planen ein falsches Bewusstsein, das Bewusstsein eines Narren. Unser Sicherheitsdenken und unser Planen ist nicht so vernünftig und harmlos, wie wir oft denken. Es kann Ausdruck einer Illusion und Lebenslüge sein. Illusionen und Lügen sind aber keine Quelle des Lebens, sondern eine Quelle des Todes. Das sollten wir im Angesicht Gottes und im Vertrauen zu Gott rechtzeitig bedenken und uns darin überprüfen. Dazu lädt uns dieses Gleichnis ein und fordert uns heraus.

• Gebet

Legen Sie zum Gebet die Handflächen aufeinander, mit den Fingerspitzen nach oben gerichtet, ungefähr auf Brusthöhe, so, als wenn Sie mit jemandem ein tiefes und ernstes Gespräch führen wollen.

»Gott, lehre uns bedenken,
dass wir sterben müssen,
auf dass wir ein weises Herz erlangen.« (Psalm 90,12)
Gott, du Urvater des Lebens,
das Sterben und den Tod
erfahren wir als Bedrohung,
als Angriff auf unser Leben.
Alles Liebenswerte scheint der Tod
aus unseren Händen zu reißen.
Gott, es ist nun wirklich kein Wunder,
dass wir dem Tod am liebsten aus dem Weg gehen
und ihn aus unserem Bewusstsein streichen.
Unsere Sehnsucht nach Leben,
nach unbegrenztem Leben,
ist unendlich.
Und so, guter Gott,
sichern wir unser Leben ab,
bauen uns »unvergängliche Hütten«
aus Beton und Stahl,
balsamieren uns ein
mit allem, was jung hält,
kleiden uns in Glanz und Seide
und bügeln unsere Falten weg.
Angstgetrieben, verkrampft versuchen wir
das Leben festzuhalten,
und müssen dann doch feststellen,
wie es uns durch die Finger rinnt.

Zum weiteren Gebet die Hände öffnen, sie nach vorn neigen, weg vom Körper, so, als wenn sie zu einer Person hin geöffnet sind, die vor einem steht.

Jesus Christus,
du deutest uns einen Ausweg aus diesem Dilemma an.
Du hast uns gelehrt,
die Sorge, die Angst um unser Leben abzugeben.
Du hast uns gelehrt,
unser Leben ganz im Vertrauen zu Gott zu leben.
Nichts ist für dich ein größerer Schatz
als die Gewissheit:
egal, ob wir leben oder sterben,
sich in Gottes Hand zu befinden.
Für dich, Christus, verblassen alle Vorräte dieser Welt
angesichts dieses Vertrauens
zu einem himmlischen, göttlichen Vater.

In uns, guter Gott, wächst die Ahnung,
dass wir mit einem solchen Vertrauen
auch den Tod ansehen können.

Sind wir so schon auf dem Weg der Weisheit?

Wir bleiben in unserer Gebetshaltung, drehen nur etwas die Hände, sodass sie zum Himmel gerichtet sind, und beten gemeinsam das Gebet Jesu:

Vater unser im Himmel ...
Amen

• Segen

Einladung zu einer ungewöhnlichen Form des Segnens, bei der Sie sich selbst segnen. Dabei soll die alte Tradition des Händeauflegens aufgenommen werden. Sie erhalten jeweils einen Hinweis, auf welche Körperregion Sie Ihre Hände legen und sprechen dann die dazugehörigen Segensworte.

Berühren Sie Ihre Augen ... und sprechen Sie:
Gott segne meine Augen, damit ich klar sehe.
Berühren Sie Ihren Mund ... und sprechen Sie:
Gott segne meinen Mund,
damit ich die Sprache der Weisheit lerne.

Berühren Sie Ihre Ohren ... und sprechen Sie:
Gott segne meine Ohren,
damit ich höre, was meinen Nächsten bewegt.
Berühren Sie Ihren Bauch ... und sprechen Sie:
Gott segne meinen Bauch,
damit ich Gefühle wahrnehme und zulasse.
Berühren Sie Ihr Herz ... und sprechen Sie:
Gott segne mein Herz,
damit ich offen bin für Weisheit, Frieden und Liebe.

So gehe in diese Nacht (in diesen Tag)
als Gesegnete/Gesegneter Gottes,
begleitet von seiner Güte,
erfüllt von seinem Frieden,
aufgebaut von seiner Liebe.

Amen

Das Böse: raus!? – Das Gleichnis vom Unkraut unter dem Weizen

Matthäus 13,24-30

• Einstimmung

»Die Faulen werden geschlachtet
die Welt wird fleißig.
Die Hässlichen werden geschlachtet
die Welt wird schön.
Die Narren werden geschlachtet
die Welt wird weise.
Die Kranken werden geschlachtet
die Welt wird gesund.
Die Traurigen werden geschlachtet
die Welt wird lustig.
Die Alten werden geschlachtet
die Welt wird jung.
Die Feinde werden geschlachtet
die Welt wird gut.

Erich Fried: »Maßnahmen«

Erich Fried bricht in dichterischer Form mit einer Stammtischphilosophie, die sich so ungefähr ab dem dritten Glas Bier einstellt. Ein praktisches Beispiel für diese Denkart wurde vor einiger Zeit aus dem Freistaat Bayern präsentiert, als aus München die Forderung kam, alle ausländischen Eltern mit kriminellen Kindern, sprich bösen Jungs, müssen samt diesen ausgewiesen werden.

Darauf war in den Tagesthemen der Kommentar einer fremdländisch wirkenden Journalistin mit der Frage zu hören: »Was machen wir mit deutschen Eltern, die kriminelle, sprich böse Kinder, haben? Die Antwort lautete ganz einfach: »Die schicken wir alle nach Bayern.«

• Gegenstandsmeditation mit einer Vogelfeder

Mit der folgenden Meditation soll eine Möglichkeit angedeutet werden, dem Bösen den Boden zu entziehen. Besorgen Sie sich hierzu eine größere Vogelfeder. Jeder Gottesdienstbesucher erhält am Eingang eine Vogelfeder.

Eins meiner fast mystischen Jugenderlebnisse hing mit einer Feder zusammen. Rund 19 Jahre alt, lag ich eines Tages im Halbschlaf in meinem Bett. Rein zufällig zog ich aus meinem Kopfkissen eine Feder, hielt sie vor meinen Augen und fing an zu staunen: Meine Augen wanderten vom Federkiel zum Federschaft, bis hin zum anderen Ende der Feder, wo der Schaft ganz dünn ausläuft und sich in feinen Federästen auflöst, und dann wieder von unten nach rechts und links, die Federäste ansehend, die feinst säuberlich nebeneinander liegen, sozusagen einander festhaltend und somit die Feder zur Feder machend. Das Ganze ästhetisch schön geformt. – Und sowas wächst einfach heraus aus einem nackten Vogelkörper!

Irgendwie hat mich das damals fasziniert, für kurze Augenblicke, mit dem Geschenk des Staunens.

Sehen Sie sich Ihre Feder an ... Gehen Sie mit Ihren Augen ganz langsam vom Federkiel ausgehend bis zum anderen Ende der Feder ... Wiederholen Sie das ein paar Mal und gehen Sie dabei mit den Augen immer stärker zu den Seiten, den Federästen ... Was fällt ihnen auf? ... Vielleicht entdeckten Sie soeben die ganz kleinen Nebenäste, deren Funktion es ist, die Hauptäste miteinander zu verbinden ... Vielleicht haben Sie eine Feder, die unten am Kiel einen ganz weichen, flauschigen Flaum besitzt, der langsam nach oben hin immer fester wird ... Oder Sie haben eine Feder, auf der es verschiedene Farbschattierungen gibt ... Nehmen Sie den Daumen und den Mittelfinger Ihrer freien Hand und gehen ein paar mal am Federschaft entlang, langsam und bedächtig ... Streifen Sie nun mit diesen beiden Fingern die Federäste aus ... Wie fühlt sich das an? ... Jetzt nehmen Sie Ihre Feder und streicheln damit die Handoberfläche Ihrer freien Hand .... Was für ein Hautgefühl stellt sich ein? ... Jetzt streifen Sie mit der Feder über Ihre Stirn ..., über die Schläfe zum Wangenknochen ..., über die Wange zum Kinn ..., und auf der anderen Seite wieder hoch zur Stirn ... und von dort über die Nase wieder zum Kinn ... Mit Ihrer ganz eigenen Geschwindigkeit wiederholen Sie das Ganze noch einmal ..

Wenn Sie jetzt jemand auffordern würde: »Nehmen Sie Ihre Feder, zerreißen Sie sie, machen Sie dieselbe kaputt oder schmeißen Sie sie einfach weg.« Was für ein Gefühl würde sich bei Ihnen einstellen? Würden Sie einfach Ihre Feder zerreißen? Oder würden Sie innerlich einen Widerstand spüren? Nun haben Sie sich gerade so liebevoll mit Ihrer Feder beschäftigt und da sollen Sie diese zerreißen. Nein, das geht nicht, da sperrt sich etwas in der Seele.

Liegt hier vielleicht ein Ansatz, mit dem wir das Böse in dieser Welt überwinden könnten, zu lernen, die Welt, die Schöpfung und auch unsere Mitmenschen wieder achtsam wahrzunehmen, mit Staunen, mit Zeit, mit Sensibilität, mit Zärtlichkeit?

Ist all dies nicht mit dem Jesus-Wort aus der Bergpredigt gemeint: »Glückselig sind die Sanftmütigen, denn sie werden das Erdreich besitzen.«

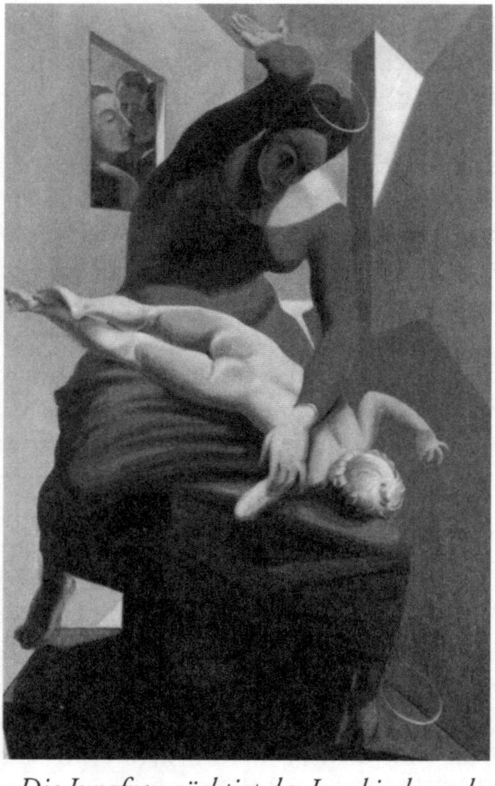

Max Ernst, »Die Jungfrau züchtigt das Jesuskind vor drei Zeugen«

• Bildmeditation

zum Bild von Max Ernst »Die Jungfrau züchtigt das Jesuskind«

Ein Bild, welches sicher viel Ärger verursacht hat, besonders in katholischen Gebieten. Die heilige Mutter Maria schlägt auf das nackte Jesuskind ein. Geradezu eine gotteslästerliche Vorstellung. Warum wehrt sich in uns etwas gegen dieses Bild? Gibt es etwa ganz tief in uns eine Klarheit, dass das Heilige nicht mit Gewalt einhergehen darf?

Angenommen, die beiden Heiligenscheine würden hier fehlen, der auf Marias Haupt und der des Kindes, der aufgrund des Schlagens unten rechts auf dem Boden liegt, und diese Frau wäre eine ganz normale Frau, mit einem ganz normalen Kind. Unser Kommentar wäre: »Das war der Erziehungsstil vergangener Zeiten. Schlagen war das vor Zeugen gerechtfertigte Mittel, Kindern das Böse auszutreiben. Die Dreschflegelhand der Mutter als Waffe gegen das Böse in den Kindern. Heute würden wir (oben im Bild) das Fenster schließen. Es darf keine Zeugen mehr geben, wenn uns hin und wieder doch die Hand ausrutscht. Wie wäre es, wenn wir dieser Frau den Heiligenschein wieder aufsetzen und erklären, sie stellt für uns die heilige Mutter Kirche dar? Würde sich dann auch Widerstand in uns regen? Die historisch Informierten nicken sicher beiläufig und sagen sich: Ja, ja, so ging die Mutter Kirche mit den Menschenkindern um, die für sie keinen Heiligenschein trugen. Kirchenzucht, Bann, Inquisition, Scheiterhaufen, Hexenverfolgungen, Ketzerprozesse, gar Todesurteile sollten das Böse, die Teufel, die Dämonen aus den Menschenkindern vertreiben. Das Böse raus, mit Gewalt. All dies unter der Zeugenschaft der göttlichen Dreifaltigkeit. Und wenn diese Schlagende sich hier wandeln würde in den Vater Staat? War und ist er der einzig Berechtigte, der dreinschlagen darf, um das Böse auszutreiben? Wie viele wünschen sich die starke Hand, die durchgreift, die Härte zeigt, die auch mal wagt, zuzuschlagen. Denn das Böse unter uns Menschenkindern scheint mächtig zu wuchern. Bei anderen macht sich Ratlosigkeit breit: »Verdammt noch mal, wie soll man denn all dem Bösen, dem Kriminellen, dem Korrupten, dem Kaltschnäuzigen und Brutalen in dieser Welt begegnen?«

Der, den Max Ernst hier von seiner Mutter verdreschen lässt, dem seine Ideen vom Reich Gottes nicht von der Mutter Religion und dem Vater Staat ausgetrieben werden konnten, der hat Interessantes zu diesem Thema zu sagen im »Gleichnis vom Unkraut im Weizenfeld«.

Vortrag

»Das Böse raus!?« Das Gleichnis vom Unkraut unter dem Weizen (Matthäus 13,24-30)

Mit dem Reich Gottes verhält es sich so, wie mit folgender Geschichte: Ein Bauer hatte gutes Saatgut auf sein Feld gesät. Eines Nachts, als alles schlief, kam ein Feind von ihm, säte Taumellolch zwischen den Weizen und verschwand. Als aber die Saat heranwuchs und Frucht ansetzte, zeigte sich auch der Taumellolch. Da kamen die Feldarbeiter zum Hausherrn und sagten: »Herr, hast du nicht guten Samen auf das Feld gesät? Woher kommt denn das ganze Unkraut?« Er antwortete: »Das hat ein Feind getan.« Da sagen die Feldarbeiter zu ihm: »Willst du, dass wir hingehen und den Taumellolch ausjäten?« Er aber antwortet: »Nein. Ihr würdet mit dem Taumellolch auch den Weizen herausreißen. Lasst beides miteinander wachsen bis zur Ernte. Dann werde ich den Erntearbeitern sagen: ›Sammelt zuerst das Unkraut und bündelt es zum Verbrennen. Den Weizen aber bringt in meine Scheune.‹« (Matthäus 13,24-30)

1. Vorbemerkungen

Das Problem des Bösen ist so alt wie die Menschheit. Es ist heute so bedrängend und ungelöst wie zu allen Zeiten. Mit »böse« ist dabei alles gemeint, was gegen das Leben gerichtet ist, was Frieden und Gerechtigkeit verhindert. Die Frage nach dem Bösen wird besonders brisant in Verbindung mit der Frage nach Gott. Das gilt vor allem dann, wenn man an einen persönlichen Gott glaubt, der allmächtig, gütig und weise sein soll. Wie kann es dann zum Bösen kommen? Warum gewährt ein solcher Gott dem Bösen so viel Raum? Als Jesus von Nazareth öffentlich aufzutreten begann und behauptete, eine neue Zeit sei gekommen und das »Reich Gottes« breche jetzt an, stellte sich unweigerlich auch die Frage nach dem Bösen. Viele jüdische Zeitgenossen hofften auf das Kommen des Reiches Gottes, weil dann das Böse in der Welt endlich beseitigt werden würde. So haben es die Propheten Israels angekündigt. Was hält Jesus von dieser prophetischen Botschaft? Wie denkt er über die Realität des Bösen? Wird er zum Kampf gegen das Böse aufrufen? Solche oder ähnliche Fragen stellten sich angesichts der Botschaft Jesu vom Anbrechen des Reiches Gottes. Im Gleichnis vom Unkraut unter dem Weizen nimmt er zu diesen Fragen

Stellung. Seine Antwort besteht nicht aus einigen belehrenden oder bekenntnishaften Sätzen. Er erzählt eine Geschichte. Damit gibt er seinen Zuhörern Stoff zum Nachdenken. So hat er es oft gemacht. Geschichten über Gott und sein Reich zu erzählen, ist für ihn typisch. In diesen Geschichten erfahren wir, mit welchen Augen er die Dinge gesehen hat.

2. Die Aussaat

Wie die anderen Gleichnisse beginnt Jesus auch dieses Gleichnis mit einer Situation, die den Menschen vertraut war: »Ein Bauer hatte gutes Saatgut auf sein Feld gesät.« Die antike Gesellschaft war eine Agrargesellschaft. Die Landwirtschaft war die Basis des wirtschaftlichen Lebens. In einer Agrargesellschaft sind Aussaat und Ernte die beiden wichtigsten Ereignisse im Jahr. Grundlegend ist die Aussaat. Ohne Aussaat keine Ernte. Bei der Aussaat ging es um die Basis der menschlichen Versorgung. An dieser Bedeutung der Aussaat hat sich bis heute nichts geändert. Selbst Großbauern, die Sklaven und Tagelöhner beschäftigten, besorgten die Aussaat meist persönlich. Sie erforderte Sorgfalt und galt als edle Handlung. Gesät wurde von Hand. Der Samen wurde aus einem umgehängten Beutel in einem Bogen ausgeworfen. Getreide war in der antiken Mittelmeerwelt und im Vorderen Orient das wichtigste Grundnahrungsmittel. Ein Sprichwort lautete: »Vom Getreide hängt das Leben der Welt ab.« Kartoffeln, Mais und Reis waren unbekannt.[37] In Palästina wurden Weizen und Gerste angebaut. Das Gleichnis betont die gute Qualität des Saatguts. Dieser Hinweis ist wichtig, weil das Saatgut in der Antike von sehr unterschiedlicher Qualität war. Durch Worfeln und Sieben ließen sich die Unkrautsamen nicht so vollständig vom Weizen trennen, wie das heute möglich ist. Der Hinweis auf die gute Samenqualität bereitet auf die folgende Überraschung vor und stellt klar, dass der Bauer an der später entdeckten Unkrautmenge nicht mitschuldig ist.

37 In den antiken Religionen gehört der »Korngott« zu den wichtigsten Gottheiten. In der kanaanäischen Religion war der Korngott Dagon der Vater des Wettergottes Baal. Die grundlegende Bedeutung des Getreides zeigt sich auch darin, dass sich aus den Getreidebehältern die Hohlmaße entwickelt haben. Getreide galt außerdem als Zahlungsmittel (vgl. 1 Kön 5,8). Steuern wurden oft in Form von Getreide bezahlt.

3. Der Saatfrevel

Nur der erste Satz des Gleichnisses klingt beschaulich. Bereits der zweite Satz erzählt von einer Störung: »Eines Nachts, als alles schlief, kam ein Feind von ihm, säte Taumellolch zwischen den Weizen und verschwand.« Eine solche Aktion nannte man »Saatfrevel«. Er galt als besonders boshaftes Verbrechen. Durch schlechte Böden, Unkraut, Dürre und Tierfraß war die Ernte bedroht genug. Absichtlich Unkrautsamen auf das Feld eines anderen zu säen, ist eine Unverschämtheit. Damit kann die Lebensgrundlage des Betreffenden vernichtet werden. Das antike Recht stellt Saatfrevel unter harte Strafen. Trotzdem kam er immer wieder vor. Man beauftragte zwar des öfteren Saatwächter, aber es war unmöglich, alle Felder ununterbrochen zu bewachen. Deshalb begegnete man jedem, der ein fremdes Feld betrat, mit Misstrauen.

Der in diesem Gleichnis geschilderte Saatfrevel geschah im Schutz der Nacht. Der Täter wird nicht näher vorgestellt. Sein Motiv bleibt unbekannt. Wir erfahren über ihn nur das, was durch seine Handlung ohnehin klar ist: er ist ein »Feind« des Bauern. Er sät Taumellolch zwischen den Weizen. Dieses Unkraut war und ist im gesamten Orient verbreitet. Der Taumellolch ist mit dem Weizen verwandt und gedeiht auf Weizenfeldern besonders gut. Gelangen Taumellolchkörner ins Mehl, nimmt dieses einen bitteren Geschmack an und kann Gesundheitsschäden hervorrufen.[38] In den ersten Wachstumsstufen sehen Weizen und Taumellolch sehr ähnlich aus. Erst ab einer gewissen Wachstumshöhe ist der Taumellolch an den schmaleren Blättern erkennbar. Im Reifestadium unterscheidet er sich vom Weizen durch die schwärzlichen Körner und die wesentlich geringere Wachstumshöhe. Normalerweise wurde der Taumellolch zwei Mal im Jahr gejätet. Das erste Jäten geschah im Frühjahr, wenn der Weizen etwa eine Spanne hoch steht. Einige Wochen später wurde ein zweites Mal gejätet, um den verbliebenen Lolch zu beseitigen. In diesem Gleichnis bleibt der Saatfrevel – wie wohl auch sonst meistens – zunächst unbemerkt. Der Lolch wächst mit dem Weizen heran. Erst ab einem gewissen Stadium »zeigte sich auch der Taumellolch«.

38 Auf den Lolchkörnern nistet fast immer ein giftiger Pilz. Er kann nach dem Verzehr Schwindelzustände verursachen (daher der Name »Taumel«-Lolch), in Extremfällen sogar zum Tod führen.

4. Der erste Gesprächsgang

»Da kamen die Feldarbeiter zum Bauern und sagten: ›Herr, hast du nicht guten Samen auf das Feld gesät? Woher kommt denn das ganze Unkraut?‹ Er antwortete: ›Das hat ein Feind getan.‹«

Die bisherigen Sätze waren die erzählende Einleitung des Gleichnisses. Jetzt beginnt der zweite, größere Teil des Gleichnisses. Während die Einleitung keine wörtliche Rede enthält, besteht der ganze zweite Teil aus einem Dialog. Das ist kein Zufall. Der Dialog zwischen dem Bauer und seinen Feldarbeitern hat eine Wirkung, die sich ohne Dialog nicht hätte erreichen lassen. Durch das Gespräch zwischen zwei Gesprächsparteien wird die bisherige einheitliche Erzählperspektive aufgespalten in die Perspektive der Feldarbeiter einerseits und die des Bauern andererseits. Dadurch können zwei Perspektiven, d.h. zwei unterschiedliche Standpunkte aufeinanderprallen. Diese Konfrontation zweier Standpunkte verlebendigt das zur Debatte stehende Problem, weil es durch die Augen verschiedener Personen gesehen wird. Sie ermöglicht außerdem eine bewusstere und nachdrücklichere Lösung des Problems, weil diese sich aus der Konfrontation zweier konkurrierender Sehweisen entwickelt.

Eine weitere Beobachtung ist wichtig. Der zitierte Beginn des Gesprächs zwischen Feldarbeitern und Bauer bringt sachlich nichts Neues. Was in diesen Sätzen gesagt wird, ist bereits aus der erzählenden Einleitung bekannt. Warum diese Wiederholung? Sie ist umso auffallender, als die Gleichnisse Jesu sonst sehr knapp und sparsam formuliert sind. Der Grund für diese erzählerische Darstellungsweise liegt auf der Hand: Durch die Wiederholung wird deutlicher, wie erschreckend der Saatfrevel ist. In der Reaktion der Feldarbeiter spiegelt sich das Außergewöhnliche und Bedrohliche der Situation, um die es jetzt geht.

Eines Tages kommen die Feldarbeiter nach Hause. Sie teilen dem Bauern ihre Entdeckung mit, indem sie ihm zwei Fragen stellen. Die Doppelfrage ist Ausdruck ihres Verblüfft- und Erschreckenseins. Es ist klar, dass diese Unkrautmenge nicht normal ist. Sie ist zudem für den Weizen bedrohlich. Sie kann ihn ersticken. Die Feldarbeiter spüren: hier stimmt etwas nicht. Eine solche Unkrautmenge lässt sich nicht auf natürliche Weise erklären. Kein Wind kann so viel und so dicht Unkrautsamen auf das Feld wehen. Hier liegt eine planmäßige Bosheit vor. Der Bauer bestätigt ihre Ahnung. Er schwächt nichts ab.

Ohne Zögern stellt er fest: »Das hat ein Feind getan.« Aus dieser knappen Antwort spricht ein illusionsloser Realismus. Man wird nicht behaupten können, dass die Antwort des Bauern beruhigend sei. Der Bauer macht weder sich noch den Feldarbeitern etwas vor. Was hier abläuft, ist in der Tat nicht mehr »natürlich«. Eine Unkrautmenge dieser Größenordnung ist Zeichen von Hass und Feindschaft. Der Bauer benutzt in seiner Antwort ein Wort, das nicht nur allgemein einen Gegner bezeichnet, sondern einen persönlichen Feind.

Geht es uns nicht allen immer wieder so wie diesen Feldarbeitern? Irgendwann überfällt uns ein Erschrecken über den Zustand der Welt. Unsere Hoffnung, die Welt sei gut und gerecht, geht endgültig verloren. Uns wird klar, dass die Welt nicht nur aus romantischen Sonnenuntergängen und blühenden Apfelbäumen besteht. Dann spüren wir deutlicher als sonst: die Realität dieser Welt ist nicht normal. Sie lässt sich nicht auf »natürliche Weise« erklären. Es gibt zu viel unschuldiges Leid, zu viele Verletzungen, zu viel Ungerechtigkeit, Intrigen, Gemeinheit und Feindschaft. Eine innere Stimme sagt uns: da stimmt etwas nicht. An den Zustand unserer Welt kann und darf man sich nicht gewöhnen. Oder können Sie sich an eine Realität gewöhnen, in der zwei Drittel der Menschen hungern, Unschuldige gefoltert werden und viele Reiche in Saus und Braus leben nach dem Motto: »Was ich nicht weiß, macht mich nicht heiß«? In weiten Teilen der Erde fehlen die elementarsten Lebensmittel und auf einem anderen Teil der Erde werden Lebensmittel vernichtet, um den Preis stabil zu halten. Sollen wir uns wirklich darauf verständigen, diesen Zustand als »normal« und »natürlich« zu bezeichnen? Was wollen wir den Kindern und Jugendlichen sagen, wenn ihnen zum ersten Mal aufgeht, wie ungerecht diese Welt ist? Sollen wir sie zu beruhigen versuchen mit der Feststellung: »Das ist normal?« Ein Jugendlicher sagte: »In der Kalahari verdursten die Menschen und wir spülen unsere Scheiße mit dem besten Trinkwasser runter. Da ist doch etwas faul!« Was wollen sie diesem Jugendlichen antworten? Kennen wir nicht alle die Augenblicke der Fassungslosigkeit und des Erschreckens?

Die Situation des Erschreckens hat der Schriftsteller Günter Eich 1947 durchlebt. Noch unter dem Eindruck des 2. Weltkriegs erkennt er die heraufziehende Ost-West-Spannung und hört von Atombombenversuchen auf dem Bikini-Atoll. Da wird ihm klar, dass die Menschen aus den beiden Weltkriegen nur wenig lernen werden und bereits die nächsten Katastrophen in die Wege leiten. In dieser Erkenntnis schreibt er das Hörspiel »Träume«. In diesem Hörspiel finden sich folgende Sätze:

»Fuhrest auch du einmal aus den Armen der Liebe auf,
weil ein Schrei dein Ohr traf, jener Schrei,
den unaufhörlich die Erde ausschreit und den du
für Geräusch des Regens sonst halten magst oder
das Rauschen des Winds.
Sieh, was es gibt: Gefängnis und Folterung,
den Tod in vieler Gestalt,
den körperlosen Schmerz und die Angst, die das Leben meint.
Die Seufzer aus vielen Mündern sammelt die Erde,
und in den Augen der Menschen, die du liebst,
wohnt die Bestürzung ...
Denke daran, dass der Mensch des Menschen Feind ist
und dass er sinnt auf Vernichtung ...
Denke daran, dass nach den großen Zerstörungen
jedermann beweisen wird, dass er unschuldig war ...
Wacht auf, denn eure Träume sind schlecht!
Bleibt wach, weil das Entsetzliche näherkommt.
Auch zu dir kommt es, der du weit entfernt wohnst
von den Stätten, wo Blut vergossen wird,
auch zu dir und deinem Nachmittagsschlaf,
worin du ungern gestört wirst.
Wenn es heute nicht kommt, kommt es morgen,
aber sei gewiss ...
Schon läuft der Strom in den Umzäunungen,
und die Posten sind aufgestellt.
Nein, schlaf nicht, während die Ordner der Welt
geschäftig sind.
Seid misstrauisch gegen ihre Macht, die sie vorgeben
für euch erwerben zu müssen.
Wacht darüber, dass eure Herzen nicht leer sind,
wenn mit der Leere eurer Herzen gerechnet wird.
Tut das Unnütze, singt die Lieder, die man aus
eurem Mund nicht erwartet.
Seid unbequem, seid Sand, nicht Öl im Getriebe der Welt.«

Ich glaube, Günter Eich drückt mit diesen Worten etwas sehr Ähnliches aus, wie die Feldarbeiter im Gleichnis vom Unkraut unter dem Weizen.

5. Der zweite Gesprächsgang

a) Was sollen wir tun?

»Da sagen die Feldarbeiter zum Bauer: ›Willst du, dass wir hingehen und den Taumellolch ausjäten?‹ Er aber antwortet: ›Nein. Ihr würdet mit dem Taumellolch auch den Weizen herausreißen. Lasst beides miteinander wachsen bis zur Ernte.‹«

Erst diese dritte und letzte Frage der Feldarbeiter führt sachlich weiter. Auf ihr liegt deshalb der Ton. Das zeigt sich an zwei Beobachtungen: 1. Mit der dritten Frage wechselt das Gleichnis zum ersten Mal die Erzählzeit. Es wechselt von der Vergangenheit ins Präsens. Wir werden zeitgleich mit den Personen des Gleichnisses. 2. Die Antwort des Bauern auf die dritte Frage ist viel umfangreicher als seine kurze Antwort auf die beiden ersten Fragen. Sie umfasst den gesamten Schlussteil des Gleichnisses. Auf diese letzte Antwort kommt es also an. Sie hat zwei Teile. Der erste Teil steht im Präsens und bezieht sich auf die Gegenwart. Der zweite Teil steht im Futur und bezieht sich auf die Zukunft. Zunächst zum ersten Teil der Antwort. Er zeigt, dass es in dem Gleichnis nicht um die Frage geht, wer jener Unbekannte ist, der den Saatfrevel beging. Es geht auch nicht um dessen Motive. Der Bauer sagt auch kein Wort dazu, wie er zu seiner richtigen Einschätzung kommt (»das hat ein Feind getan«), oder ob er einen bestimmten Verdacht hat. Fragen dieser Art stehen nicht im Blickpunkt des Interesses. Die Antwort des Bauern konzentriert sich vielmehr auf die Frage: Was ist zu tun?

Die Feldarbeiter erklären sich zu einer unangenehmen Mehrarbeit bereit: »Willst du, dass wir hingehen und den Taumellolch ausjäten?« Sie bieten dem Bauern an, den Schaden zu beheben und das Übel an der Wurzel zu packen. Ihr Vorschlag ist gut gemeint und plausibel. Der Weizen ist in Gefahr. Die Sorge der Feldarbeiter ist berechtigt. Dieser Auffassung werden auch die Zuhörer des Gleichnisses gewesen sein. In der Frage der Feldarbeiter drückt sich das aus, was die Hörer des Gleichnisses umtreibt. Das »Nein« des Bauern kommt sowohl für die Feldarbeiter im Gleichnis als auch für die Hörer des Gleichnisses überraschend. Das wird daran deutlich, dass der Bauer seine Antwort ausführlich begründet. Sie versteht sich nicht von selbst. In dieser Begründung liegt deshalb die Pointe des Gleichnisses. Zwischen dem Bauern und den Feldarbeitern besteht Einigkeit darin, dass das Unkraut vom Weizen getrennt und beseitigt werden muss. Strittig ist nur der richtige Zeitpunkt. Hier liegt der entscheidende Unterschied. Der Bauer des Gleichnisses reagiert auf den Saatfrevel anders als die (meisten) Hörer es erwartet haben. Er geht nicht sofort gegen das Unkraut vor. Er bleibt zurückhaltend. Für diese Zurückhaltung will Jesus seine Zuhörer gewinnen. Die Zurückhaltung des Bauern hat zwei Gründe. Der erste betrifft die Gegenwart, der zweite die Zukunft (s.u.). Zunächst zum ersten Grund:

Der erste Grund für die Zurückhaltung des Bauern liegt darin, dass er das, was *sich unter dem Erdboden* des Getreidefelds abspielt, anders einschätzt als die Feldarbeiter. Wie es unter der Erde aussieht, entzieht sich der Beobachtung. Das unterirdische Wurzelgeflecht steht in diesem Gleichnis für jene Zusammenhänge, die wir Menschen nicht erforschen und offenlegen können.[39] Um in der vom Gleichnis genannten Situation angemessen handeln zu können, müsste man wissen, was sich unterhalb der Grenzen unserer Wahrnehmung abspielt. In diesem Bereich rechnet der Bauer des Gleichnisses mit so intensiven Verflechtungen, dass eine Trennung von Unkraut und Weizen nicht möglich ist. Der Mensch kann das Feld nicht säubern, ohne alles zu gefährden, was auf dem Feld wächst. Was für unsere Augen getrennt aussieht, ist nach Meinung des Bauern untergründig eng verflochten. Die Feldarbeiter würden mit ihrer gut gemeinten Aktion die gesamte Aussaat gefährden. Damit würden sie ungewollt zu Helfershelfern jenes Unbekannten werden. Ihr Tun würde genau das bewirken, was der Unbekannte erreichen wollte.

Mit der dritten Frage der Feldarbeiter benennt das Gleichnis eine tief im Menschen sitzende Neigung. Der Mensch neigt dazu, das frontal anzugehen, was ihn stört, vor allem, was ihn bei *anderen* stört. Er will das Missliebige beseitigen. Er neigt dabei zu Radikallösungen. Vor allem dann, wenn er sie selber durchführen kann. Die Absichten mögen gut sein, wie in diesem Gleichnis. Die besorgniserregende Mischung von Gut und Böse in dieser Welt ruft immer wieder Moralisten, Idealisten, Perfektionisten und Eiferer auf den Plan. Sie ertragen diese Mischung nicht. Sie macht ihnen Angst. Sie wollen die Welt

39 Das unterirdische Wurzelgeflecht steht in einer verblüffenden Nähe zu dem, was wir heute das »Unterbewusste« nennen. Dieser Begriff bezeichnet ebenfalls eine Realität, die unter der Oberfläche liegt. In diesem Gleichnis geht es aber nicht nur um tiefenpsychologische Zusammenhänge. Das zu behaupten wäre eine vorschnelle Einengung des Gleichnisses. Abgesehen davon, sind auch der tiefenpsychologischen Erkenntnis des Menschen Grenzen gesetzt.

»verbessern«. Das bedeutet, sie wollen die Welt »eindeutiger« machen bzw. »säubern«. Doch die Weltgeschichte wird für diese Menschen immer wieder zur Enttäuschung. Die Welt wird und wird nicht sauber. Wir, die wir selber schmutzig sind, können sie nicht säubern. Das Böse hat sich bisher nicht »entsorgen« lassen. Oft kam es an unvermuteter Stelle wieder hoch. Wohnt es nicht gerade auch im Herzen derer, die es bei anderen bekämpfen? In unserer Welt sieht vieles täuschend ähnlich aus und steht dicht beieinander: Glaube und Aberglaube, wahre Demut und falsche Bescheidenheit, echte Sorglosigkeit und naiver Leichtsinn, wahre Freiheit und verdeckte Bindungsunfähigkeit, wirkliche Hoffnung und billige Vertröstung, aufrichtige Liebe und ängstliche Nachgiebigkeit, echte Gewissheit und falsche Sicherheit. Täuschend ähnlich und doch von der Wurzel her verschieden. Aber wer sieht bis zur Wurzel?

Im harmloseren Fall führen die guten Absichten der Moralisten und Idealisten zu Enttäuschungen bei ihnen selbst. Im weniger harmlosen Fall richten sie schweren Schaden an und vergrößern das Unrecht noch. Was ist nicht schon alles im Namen der Parole »Rottet das Böse aus!« in dieser Welt geschehen. Wieviel Unrecht ist geschehen unter dem Motto »Für Ruhe und Ordnung!«, »Schluss mit der Kriminalität!«, »Die Ausländer sind unser Unglück!«. Auch in den Religionen hatte das Bedürfnis nach einer »sauberen« Welt, nach mehr »Reinheit« schlimme Folgen: Kreuzzüge, Hexenverbrennungen, Inquisition, Verfolgung der Juden und anderer Minderheiten, wie Donatisten, Albigenser, Täufer, Hugenotten u.a. sind Ausdruck dieses Bedürfnisses. Es geschah in guter Absicht, aus frommen Motiven, mit dem besten Gewissen. Der Dreißigjährige Krieg wurde aus »Glaubensgründen« geführt und vernichtete große Teile Mitteleuropas. Auch die »Heiligen Kriege« des Islam töteten unzählige Menschen. Es gibt fanatische jüdische Siedler, die das »Heilige Land« von Palästinensern »säubern« wollen. Es gibt fanatische Palästinenser mit einem entsprechenden Hass auf den Staat Israel. Weiße Amerikaner wollten »ihr« Land von den Indianern »säubern«. Australien wurde weitgehend von den Aborigines »gesäubert«. Wer kann ermessen, was das Sendungsbewusstsein der Römer, der Mongolen, der europäischen Kolonialmächte, der Nationalisten aller Schattierungen angerichtet hat? Wer kennt den Preis der Revolutionen, so berechtigt sie gewesen sein mögen?

Der Bauer dieses Gleichnisses lehnt das Angebot der Feldarbeiter ab. Sie durchschauen nicht die untergründigen Zusammenhänge. Sie rechnen nicht damit, dass der Saatfrevel gerade dort am meisten Schaden anrichtet, wo man glaubt, das Heilmittel gefunden zu haben. Die Zurückhaltung des Bauern meint keine Unklarheit in der Sicht der Dinge, keinen falschen Relativismus. Das Unkraut wird nicht als Weizen ausgegeben und der Weizen nicht als Unkraut. Weizen ist Weizen und Unkraut ist Unkraut. Der Bauer stellt das Unkraut auch nicht als harmlos hin oder bezweifelt sogar dessen Existenz. Er billigt das Unkraut nicht, aber er duldet es. *Unterscheidung* ist nicht das Gleiche wie *Scheidung*. Wenn dieses Gleichnis Recht hat, dann ist es keinem Menschen möglich, das unterirdische Wurzelgeflecht zu entwirren, also auch keiner Religion, keiner Philosophie, keiner Politik, keiner Pädagogik und keiner Therapie. Diese Aufgabe überfordert uns alle. Keiner Menschengruppe steht es zu, sich als Besitzer der Wahrheit aufzuspielen und definitive Urteile über andere zu fällen. Solche Urteile sind von verheerender Wirkung. Der Mensch kann nicht alle Hintergründe im Leben anderer Menschen, Kulturen und Völker ermessen. Wir müssen es lernen, in einer uneinheitlichen Welt zu leben. Wer hier *Eindeutigkeit* erzwingen will, gefährdet auch den Weizen.

Skrupellosigkeit und Gemeinheit treten allerdings oft so unverfroren auf – junge Männer verprügeln einen zufällig vorbeikommenden Ausländer; Fußballrowdies schlagen einen Polizisten zusammen –, dass man am liebsten den Stab über die betreffenden Menschen brechen würde. Aber wir wissen nicht, wie es in diesen Menschen aussieht, die so etwas tun, was ihre tiefsten, vielleicht unbewussten Beweggründe sind. Das entschuldigt allerdings nichts. Überfälle dieser Art müssen streng bestraft werden. Die Bevölkerung und alle Ausländer haben ein Recht auf Schutz vor Gewalttätern. Doch wir sollten nur die *Handlungen* der Menschen als »schlecht« bezeichnen, nicht die Menschen selbst. Auch im Strafvollzug werden nicht »die Bösen« von »den Guten« bewacht. Oft sind Handlungen, über die wir empört sind, Symptome für Schwierigkeiten, in denen sich der Betreffende befindet. Häufiger als wir denken, lösen wir durch unsere Gleichgültigkeit, unsere Vorurteile und unsere (manchmal uns selbst nicht bewusste) Arroganz in anderen erst jenes Verhalten aus, das wir dann empört ablehnen. Niemand wird von allein zum Verbrecher, ohne eine Vorgeschichte, in der das Tun und Unterlassen anderer eine Rolle spielt. Das muss uns davor zurückhalten, einen Menschen endgültig abzustempeln. Kein Mensch hat das Recht, die Güte Gottes zu begrenzen, der »seine Sonne aufgehen lässt über Böse und Gute« und »seine Feinde liebt« (Mt 5,43-47). Zur Güte gehört auch, dem anderen Zeit zu lassen. Wie viele Menschen in unserer Umgebung bitten uns indirekt: lass mir noch Zeit.[40]

Darüber dürfen wir uns nichts vormachen: in uns allen sind Unkraut und Weizen dicht und unentwirrbar beieinander. Unsere Stärken sind auch unsere Schwächen. Sich als Christ zu verstehen heißt nicht etwa, sich selbst – im Unterschied zu anderen Menschen – zum »Weizen« zu zählen. Das wäre ein groteskes Missverständnis dieses Gleichnisses. Das Christsein besteht vielmehr darin, zu Gott zu sagen: »Du siehst das viele Unkraut in mir. Ich traue dir zu, dass du den Weizen in mir beschützt und mit dem Unkraut zu gegebener Zeit fertig wirst. Ich traue dir zu, dass du mich liebst, trotz des Unkrauts in mir. Hilf mir dabei, andere Menschen vor dem Unkraut in mir zu schützen.« Der Glaube verleitet nicht dazu, sich selbst etwas vorzumachen. Er fördert die kritische und ehrliche Selbstwahrnehmung. Wenn ich das Unkraut in mir zugebe und Gott anvertraue, muss ich in meiner Seele nicht mit Unkrautvernichtungsmittel vorgehen. Manche Rigoristen und Fanatiker haben zu sich selbst das Verhältnis eines Tierbändigers. Das fügt ihnen selbst und anderen schweren Schaden zu.

b) Was dürfen wir hoffen?

»Dann werde ich den Erntearbeitern sagen: ›Sammelt zuerst das Unkraut und bündelt es zum Verbrennen. Den Weizen aber bringt in meine Scheune.‹«

Der Schluss des Gleichnisses steht ganz im Zeichen der Zukunft, der Ernte.[41] Das heißt: es steht im Zeichen des Weltgerichts. Die Ernte ist ein bekanntes biblisches Bild für das Weltgericht. Dieses Bild sagt viel darüber aus, was die Bibel unter dem »Weltgericht« versteht. Bevor ich mich diesem Thema zuwende, möchte ich einige Sätze über die Geschichte voranstellen, die das Thema »Weltgericht« im Christentum hatte.

---

40 In einer besonderen Situation befinden sich diejenigen Menschen, die Opfer von Gewaltverbrechen oder Folter wurden, und deren Angehörige. Ihre Wut und ihr Hass sind nicht nur verständlich, sondern für sie oft ohne Alternative. Hier tun sich schwere Fragen auf, die im Rahmen dieses Vortrags nicht erörtert werden können.

41 In Palästina dauert die Erntezeit 7-8 Wochen. In dieser Zeit durchziehen Erntearbeiter das Land. Sie bieten sich auf den Marktplätzen der Dörfer als Arbeitskräfte an, z.B. als Schnitter für die Weizenernte. Die Weizenernte gliedert sich in drei Arbeitsgänge:

Das Christentum hat mit dem Thema »Weltgericht« eine lange und dunkle Geschichte durchlaufen. Das Weltgericht wurde jahrhundertelang als eine göttliche Strafe dargestellt. Gottes Handeln am Weltende unterlag dabei einer bestimmten Straflogik. Der eigentliche Herr in diesem Geschehen war nicht Gott, sondern die Straflogik. Gott hatte so zu handeln, wie es die Straflogik befahl. Die grundlegende Überzeugung lautete: »Strafe muss sein.« In Erziehungsschriften und Predigten des Mittelalters – und nicht nur des Mittelalters – hat man den Menschen die Schrecken des Weltgerichts vor Augen gestellt, um sie »auf dem rechten Weg« zu halten. Man war im Allgemeinen der Auffassung: Wenn die Kirche auf diese Zuchtrute verzichtet, dann kann sie die bösen Triebe der Menschen nicht mehr bändigen. Diese jahrhundertelange Verwendung des Gerichtsgedankens ist erbärmlich und geschmacklos. Wer den Hinweis auf das göttliche Weltgericht als Angst- und Druckmittel einsetzt, betreibt religiösen Terror. Leider ist diese Form religiöser Gehirnwäsche auch heute noch nicht vollständig überwunden. Ich kenne Menschen, die in ihrer Kindheit und Jugend durch eine Gerichtsvorstellung dieser Art so stark geprägt worden sind, dass sie sich im Laufe ihres Erwachsenenlebens nur unter großen Gewissensqualen davon befreien können, wenn überhaupt.

Gegen diese Vorstellung vom Weltgericht richtete sich die bürgerliche Aufklärung und Emanzipation im 18. und 19. Jahrhundert und in ihrem Gefolge die liberale Theologie. Für die liberale Theologie ist die Erwartung eines Weltgerichts eine primitive Vorstellung, die des Evangeliums nicht würdig ist. Sie sieht in einer solchen Erwartung den Ausdruck von Aberglauben, von seelischer Grausamkeit oder das Bedürfnis nach Rache. Im Blick auf die lange vorherrschende Verwendung des Gerichtsgedankens hat diese Kritik der liberalen Theologie ihr gutes Recht. Diese Kritik unterscheidet allerdings nicht zwischen der kirchlichen Tradition und dem ursprünglichen Sinn der biblischen Gerichtsbotschaft. Dieser ursprüngliche Sinn wird von der

1. Die höher gewachsenen Weizenähren werden so hoch abgesichelt, dass die – trotz mehrmaligem Jäten immer noch vorhandenen – Lolchähren nicht berührt werden. So wird vermieden, dass Lolchähren zu Boden fallen. Dieser erste Arbeitsgang wird im Gleichnis nicht erwähnt, aber vorausgesetzt. 2. Der Lolch und das sonstige Unkraut wird ausgejätet und gebündelt. Das Bündeln ermöglicht ein gründlicheres Verbrennen. Im holzarmen Palästina ist Unkraut ein wichtiges Brennmaterial. Jetzt ist es kein Schaden mehr, wenn dabei die stehengebliebenen unteren Hälften der Weizenhalme mit herausgerissen werden. 3. Die Weizenähren werden gebunden und in die Scheune gebracht.

liberalen Theologie nicht erkannt und von ihrer Kritik nicht getroffen. Um ihn geht es im Folgenden.

Zunächst ist klarzustellen: die ganze Bibel redet vom Gericht Gottes, vom ersten Buch Mose bis zum Buch der Offenbarung. Die meisten biblischen Propheten waren – zumindest *auch* – Gerichtspropheten: Amos, Hosea, Micha, Jesaja, Jeremia, Hesekiel, Johannes der Täufer. Darin liegt gerade das Neue ihrer Botschaft, dass sie dem eigenen Staat, dem eigenen König, dem eigenen Militär und dem eigenen Staatstempel den Untergang als Gericht Gottes ankündigen. Das gab es in keiner anderen Religion der Antike. Die Funktion der antiken Staatsreligionen lag darin, den eigenen Staat, d.h. die staatstragenden Schichten zu stabilisieren und dem Staat mit Hilfe von Kult und Ritual den Segen der Götter zukommen zu lassen. Bei den Propheten Israels findet sich dagegen eine scharfe Staats- und Religionskritik. Den Besuchern des Staatsheiligtums teilt Amos im Auftrag Gottes mit: »Hört auf mit dem Geplärr eurer Lieder!« (Am 5,23). Warum kommt nach Auffassung der Propheten das Gericht Gottes? Weil die Machthabenden und Reichen auf Kosten der abhängigen und armen Menschen leben. Weil sie das Recht beugen und sich um Gerechtigkeit nicht kümmern. Die Botschaft der Propheten ist für die Mächtigen kein beruhigendes Opium, sondern steht auf hohem kritischen Niveau. Man wird diesen Propheten beim besten Willen nicht unterstellen können, dass sie »primitiv« waren. Auch Jesus aus Nazareth sprach aus ähnlichen Gründen vom Gericht Gottes. Der Verkünder der Bergpredigt und der Feindesliebe Gottes, der Autor des Gleichnisses vom verlorenen Sohn sprach auch vom Gericht. War Jesus primitiv? Auch Paulus, der Theologe der Rechtfertigung, sprach vom Gericht und steht damit in der Tradition von Jesus und der Propheten. War Paulus primitiv? Man kann die Gerichtsbotschaft aus der Bibel nicht wegbrechen, ohne die biblische Botschaft im Kern zu verändern und zu verfälschen. Es kommt darauf an, *den Sinn* der biblischen Gerichtsbotschaft zu verstehen.

Die erste und wichtigste Einsicht im Blick auf das Gericht Gottes lautet: *»Gericht« meint in der Bibel nicht das gleiche wie »Strafe«*. Wir Europäer verstehen unter Strafe eine nachträgliche Sanktion, die sich nicht aus der Tat selbst ergibt, sondern der Tat – durch richterlichen oder pädagogischen Beschluss – »zugemessen« wird. Ein Strafdenken dieser Art gibt es in der Bibel im Blick auf Gott nicht, weder im Alten Testament noch im Neuen Testament. Kennzeichnend für die Bibel ist vielmehr ein Tat-Folge-Denken: »Was der Mensch sät, das wird er ernten« (Gal 6,7). Die Ernte ist keine »Strafe«. In diesem Sinn ist auch das Weltgericht zu verstehen: als Ernte einer Saat. *Deshalb* spricht die Bibel und spricht auch dieses Gleichnis vom Weltgericht im Bild der Ernte. Das Weltgericht ist keine Strafe eines beleidigten oder wütenden Gottes, sondern die Konfrontation mit den Folgen unserer Taten. Wir werden im Weltgericht nicht mit etwas Fremden konfrontiert – einer Sanktion, die sich jemand ausgedacht hat –, sondern mit uns selbst, mit den Folgen unseres Tuns. Wenn ich zu meiner Tochter an einem feuchtkühlen Novembertag sage: »Wenn du dich nicht warm anziehst, darfst du eine Woche lang nicht fernsehen!«, dann drohe ich ihr eine Strafe an. Ich kann aber auch sagen: »Wenn du dich nicht warm anziehst, wirst du dich erkälten.« Das ist das Ankündigen einer Tatfolge. Zwischen Strafe und Tatfolge besteht ein qualitativer Unterschied, der nicht verwischt werden darf. Dieser Unterschied ist für das Verständnis der biblischen Gerichtsbotschaft entscheidend. Der Mensch ist ein verantwortliches Wesen. D.h. er ist verantwortlich für die Folgen seines Tuns. Das weiß jeder Therapeut. Er muss seinen Klienten als verantwortliche Person ernst nehmen, ihn auch mit den Schattenseiten seiner Person konfrontieren. Das hat mit »primitiv« und »grausam« nichts zu tun. Zu unserer Würde gehört es, dass wir verantwortlich sind. Mit den Folgen unseres Tuns konfrontiert zu werden ist notwendig, denn »an den Früchten (Folgen) sind wir zu erkennen« (vgl. Mt 7,16).

Zum Zweiten ist es wichtig, den *positiven* Sinn des Wortes »richten« und »Richter« zu erkennen. Dieser positive Sinn des Richtens ist noch in manchen Redensarten enthalten: Wir »richten« uns, wenn wir ausgehen wollen. Wenn wir noch nicht so weit sind, sagen wir: »Ich bin noch nicht gerichtet«. Wir sagen: »Das Mittagessen ist gerichtet« und nennen ein gutes Essen ein »Gericht«. Wir feiern »Richtfeste«. In allen diesen Fällen ist »richten« positiv gemeint, im Sinne von herrichten, richtig machen, aufrichten. In diesem positiven Sinn spricht auch die Bibel vom Richten. Im Alten Testament gibt es ein »Buch der Richter«. Mit diesen Richtern sind Retter gemeint, die Israel aus einer Notlage befreien. Im gleichen Sinn wird Gott als »Richter der Witwen und Waisen« bezeichnet, oder als »Richter der Vaterlosen« (Ps 68,6; Jes 1,17). In den Psalmen steht oft die Bitte »Richte mich!« (Ps 7,9; 26,1; 48,10-12; 54,3;76,10; 135,14). Damit ist gemeint: Hilf mir zu meinem Recht! Gott verhilft den Witwen und

Waisen zu ihrem Recht. Der »Richter« ist im Alten Testament derjenige, der der schwächeren Partei, die Unrecht erleidet, zum Recht verhilft. Richten heißt Recht schaffen, wo Unrecht herrscht. Oder anders formuliert: Richten heißt, das »richtig« machen, was bisher falsch war.

Warum redet die Bibel vom richtenden Gott? Um der Realität des Unrechts und des Bösen willen. Nach biblischer Auffassung nimmt Gott das Böse und das Unrecht nicht einfach hin. Er übersieht es nicht und sagt nicht: »Alles nicht so schlimm.« Es gibt einen Widerstandswillen Gottes gegen das Böse und gegen das Unrecht. Dabei geht es um Gottes Selbstbehauptung. In diesem Sinn findet sich in der Bibel die Überzeugung, Gott wird das Böse richten und beseitigen. Die Bibel verkündet dem Bösen: Du hast keine Zukunft. Dein Ende ist bereits beschlossen. Überwindet Gott das Böse nicht, dann ist er nicht Gott. Deshalb betont die jüdische Neujahrsliturgie: der Schöpfer ist auch der Richter. Wäre er kein Richter, dann wäre er auch kein Schöpfer, der diesen Namen verdient.

Wie sähe eine Gesellschaft aus, in der es keinen Richter gäbe und kein Gericht? Eine Welt, in der jeder sein Unwesen treiben könnte, jeder schutzlos der Grausamkeit ausgeliefert wäre? Wie unsicher fühlt man sich in Ländern, in denen es keine unabhängige Rechtsprechung gibt und die Gerichte den politisch Mächtigen nach dem Mund reden. Man verfehlt den Sinn der biblischen Gerichtsbotschaft, wenn man das Weltgericht von vornherein aus der Perspektive derer betrachtet, die sich vor diesem Gericht fürchten und wünschen, dass es kein Gericht gäbe. Die biblische Gerichtsbotschaft ist nur zu verstehen, wenn man sie aus der Perspektive derer hört, die Opfer des Bösen und des Unrechts geworden sind und sich nach einem Gericht *sehnen*, in dem alles aufgedeckt wird. Die Weltgeschichte mit ihrer ungeheuren Unkrautmenge weckt die Sehnsucht nach einem gerechten Richter, der sich der Opfer annimmt, das Verschleierte entschleiert, das mit Füßen getretene Recht aufrichtet, das Unklare klärt, die Widersprüche löst, die quälendsten Fragen beantwortet, dem Bösen ein Ende bereitet und das überwindet, was uns von Gott trennt.

Weil wir nach biblischer Auffassung das alles vom Weltgericht Gottes erwarten dürfen, gehört die Botschaft vom Weltgericht zum Evangelium, ist sie Bestandteil unserer Hoffnung. Die Botschaft vom Weltgericht ist Ausdruck der Wertschätzung des Lebens. Wenn Gott alles ins Vergessen sinken lassen würde, die Tränen, die Verzweiflung, die Folter: *das* wäre grausam. Zum Evangelium gehört die Hoffnung auf Gerechtigkeit für alle Opfer, die Hoffnung auf Überwindung des Bösen in mir und in den anderen. Diese Überwindung können sich die biblischen Autoren nicht anders als »rechtmäßig« vorstellen. Gott ist kein Gott der Willkür, sondern ein Gott des Rechts. Deshalb erwarten die Propheten Israels und Jesus aus Nazareth die Überwindung des Bösen nicht in Form eines göttlichen Wutausbruchs, sondern in Form eines »Gerichts«.

Nach diesen grundsätzlichen Hinweisen zum Thema Weltgericht nun wieder zurück zum Gleichnis. Die unterirdische Verflechtung von Weizen und Unkraut ist nicht der einzige Grund, warum der Bauer das Angebot der Feldarbeiter ablehnt. Der zweite Grund ist genauso wichtig. Es ist die Zukunftserwartung des Bauern. Das Gleichnis lehrt uns die Bedeutung der Zukunft. Zum biblischen Glauben gehört die Hoffnung. Der Bauer sieht der Zukunft zuversichtlich entgegen. Er erwartet von ihr die entscheidenden Klärungen. Das Unkrautproblem wird zufriedenstellend behoben werden. Dank dieser Hoffnung kann der Bauer die Gegenwart gelassener zur Kenntnis nehmen als die Feldarbeiter. Die Zurückhaltung des Bauern gegenüber ihrem Angebot ist kein Ausdruck von Bequemlichkeit oder Schwäche, sondern zeigt die Kraft seiner Zuversicht. Es ist die Zuversicht auf Gottes Weltgericht. Für Jesus ist also die biblische Botschaft vom Weltgericht eine *positive* Botschaft.

Nicht der *Herkunft* des Bösen gilt das Hauptinteresse des Gleichnisses, sondern seiner *Zukunft*. Die Zukunft wird allerdings nicht als eigenständiges Thema breit erörtert. Der Blick in die Zukunft will lediglich das »Nein!« des Bauern ausreichend begründen. Ohne Blick in die Zukunft wäre das nicht möglich gewesen. Nur aus der Hoffnung heraus kann der Mensch auf das Böse angemessen reagieren. In dem »Lasst beides miteinander wachsen!« kommt Jesu Vertrauen in Gottes Souveränität und in Gottes Gerechtigkeit zum Ausdruck. Das Böse kann Gott keinen Strich durch die Rechnung machen. Gott wird die Geschichte an das Ziel führen, das er sich vorgenommen hat. Nichts kann ihn daran hindern. Am Ziel der Geschichte wird Gott das Böse beseitigen. Dass er es bis dahin duldet, bedeutet nicht, dass er ein Komplize des Bösen ist oder das Böse billigt. Diese Zuversicht Jesu ermöglicht Geduld. Gott hat Zeit und gewährt Zeit. Er kann es sich leisten, Weizen und Unkraut miteinander wachsen zu lassen. Er ist nicht auf die sofortige Vernichtung der antigöttlichen Kräfte angewiesen. Diese Zuversicht hat zur Folge, dass Jesus den Kompliziertheitsgrad dieser Welt, die Unentwirrbarkeit von Gut und Böse ertragen kann. Er handelt nicht aus der Angst heraus. Wer in Gottes Souveränität und Gerechtigkeit geborgen ist, muss das Leben nicht mehr einfacher und durchschaubarer machen wollen als es ist. Das Qualitätsmerkmal der Gerichtshoffnung Jesu – und jeder religiös verantwortbaren Gerichtsbotschaft – besteht darin, dass sie gelassen und tolerant macht. Diese Gelassenheit und Toleranz ist heute genauso wichtig wie zur Zeit Jesu. In ihr entsteht der Raum dafür, trotz allem Unkraut dieser Welt auch die Schönheiten des Lebens und dieser Welt wahrzunehmen. Denn bei allem Realismus: das Leben besteht nicht nur aus Unkrautproblemen. Deshalb sagt Günter Eich in seinem Hörspiel »Träume« auch:

»In der Stunde X werde ich dennoch denken, dass die Erde schön war.
Ich werde an die Freunde denken, an die Güte, die ein hässliches Gesicht schön macht,
an die Liebe, die die Augen verzaubert.
Ich werde an den Hund denken, meinen Spielgefährten, als ich ein Kind war,
an die blauen Lupinen der Samlandküste während eines Ferienbesuchs,
ich werde noch einmal die langen Schatten der Tannen sehen auf der Bauernschmied-Alm ...
Ich werde mich erinnern an die Vogelzüge über dem Flugplatz von Märkisch-Friedland,
an den Geruch des Bierkellers im Gasthaus zum Hirschen, ...
an Holunder, Raps und Mohn, flüchtig gesehen von einem Zugfenster aus,
an das Erröten der vierzehnjährigen Gabriele Dembitza,
an die roten und grünen Lichter eines Flugzeugs, das unter dem Sternbild der Cassiopeia dahinflog,
an den Tanz unter den Lampions des Quatorze Juillet,
an den Duft von Obst morgens an den Verkaufsständen vorm Schloss in Celle,
ich werde denken an den Herzschlag der Eidechse, die mich erblickt hat,
und an ein Gedicht ..., das mich tröstete.«

• Gebet

Du Gott der ganzen Schöpfung,
der du alles liebst,
was auf dieser Erde kreucht und fleucht.
Der du deine Sonne aufgehen lässt
über Weizen und Unkraut,
über Raubkatzen und Friedenstauben,
über Soldaten und Friedensstifter,
über Kriminelle und anständige Bürger,
über Böse und Gute.
Guter Gott,
manchmal halten wir diese Gegensätze nicht aus,
manchmal will es uns fast zerreißen,
all das Böse, Hässliche, Grausame, Ungerechte,
all die Abscheulichkeiten in dieser Welt.
Manchmal wächst die Aggression in uns
zu einer unbändigen Wut,
die am liebsten dreinschlagen möchte,
um dem Bösen Einhalt zu gebieten.
Doch dann gibt es diese merkwürdigen,
lähmenden Augenblicke,
in denen wir all das Böse ebenso in uns,
in den Kellern unserer eigenen Seele, entdecken.
Quälende Eifersucht,
die in der Phantasie
längst das Leben anderer zerstört hat.
Nagender Neid,
der dem anderen sein Glück nicht gönnt.
Heimliche oder offene Herrschsucht,
mit der wir andere drangsalieren
und unterdrücken.
Und dann, guter Gott,
wenn wir noch eine Etage tiefer in unsere Seele steigen,
entdecken wir das kleine Kind in uns,
das von schrecklicher Angst gebeutelt wird,
nicht geliebt zu sein in dieser Welt.
Deshalb die Eifersucht,
die schreckliche Angst,

nicht genügend abzubekommen
von all dem,
was das Leben lebenswert macht;
deshalb der Neid,
die panische Angst,
an die Wand gedrückt zu werden,
und deshalb wollen wir lieber über andere verfügen.
Gott, wie Recht hat dein Sohn Jesus Christus,
dass diese Ängste
nicht mit Gewalt ausgetrieben werden können.
Nur deine unendliche,
unausschöpfliche Liebe
kann all diese Ängste bändigen,
kann unsere Seele zur Ruhe kommen lassen,
kann Frieden und Vertrauen
in unsere Herzen strömen lassen;
sodass das Böse,
das Dunkle
weichen muss.
Deshalb, Gott,
mach den Himmel über uns frei,
vertreibe die dunklen Wolken
an unserem Seelenhimmel,
auf dass die Sonnenstrahlen deiner Liebe
unsere Herzen erwärmen können,
auf dass dein Geist
wie ein warmer Regen
auf unseren Herzensacker fallen kann,
auf dass gute Früchte in uns reifen können.
Amen

• Segen

Stellen Sie sich zum Segen mit weit geöffneten Armen und nach oben gerichteten Händen auf.

Du Quelle des Segens,
segne uns.
Du Quelle der Kraft,
stärke uns.
Du Quelle der Liebe,
wecke uns,
all deine Geschöpfe zu lieben.

So spricht der Gott der Liebe und des Friedens uns zu:
Ihr seid gesegnet!
Ich gebe euch Kraft!
Ich erwecke euch zur Liebe!

Geht nun
und tut,
was die Liebe euch heißt.

Ich werde bei euch sein,
an jedem Tag.
Amen

Freunde und Feinde, Bettler und Bosse an einem Tisch vereint – Von der Bedeutung des Abendmahls

• Einstimmung

Ein Bettler sah einen Bankier aus seinem Büro kommen und fragte: »Könnten Sie mir ein paar Cents geben, Sir, dass ich mir eine Tasse Kaffee kaufen kann?«

Dem Bankier tat der Mann Leid, der schmutzig und elend aussah.

Darauf sagte er: »Hier haben Sie einen Dollar, dafür können Sie sich 10 Tassen Kaffee kaufen.«

Am nächsten Tag war der Bettler wieder vor dem Büro des Bankiers, und als dieser herauskam, versetzte er ihm einen Schlag.

»He«, sagte der Bankier, »was tun Sie da? Spinnen Sie etwa, mich hier zu schlagen!«

Darauf antwortete der Bettler: »Sie und Ihre verdammten 10 Tassen Kaffee. Ich konnte die ganze Nacht nicht schlafen«.

Anthony de Mello

Die Moral von der Geschichte: Nicht jede Hilfsaktion von Reich zu Arm trägt dazu bei, dass sich beide Seiten näher kommen.

Doch Spaß beiseite: Wie sieht es aus mit den trennenden Einteilungen unter uns Menschen in Schubladen, Schichten und Klassen? Wie sieht es aus mit den Trennungen in Arm und Reich, in Oberschicht und Unterschicht, in Freund und Feind, in rechts und links, in schwarz und weiß?

Ist all dies das verdammte Schicksal der Menschheit: so ist es, so bleibt es, so wird es immer sein. Oder gibt es Ansätze, gibt es einen zarten Schimmer am Horizont, der Hoffnung rechtfertigt, dass wir Menschen doch zusammenfinden und die Gegensätze sich auflösen werden?

Könnte etwa die christliche Abendmahlsfeier sich zu einem solchen Hoffnungszeichen am Horizont entwickeln?

• Fantasiereise: Begegnung im Innenraum der Seele

Zur meditativen Annäherung an das Thema sind Sie zu einer Begegnung in Ihrer Innenwelt eingeladen, aus der Sie aufgebaut und gestärkt zurückkommen werden.

Rücken Sie sich ganz bewusst zurecht auf Ihrem Sitzplatz. Die Wirbelsäule möglichst gerade ... Legen Sie Ihre Hände, nach oben geöffnet, auf die Oberschenkel. Schließen Sie Ihre Augen und atmen Sie dreimal tief durch ... Lassen Sie Ihren Atem nun einen Rhythmus finden, der angenehm ist, der Sie entspannt ...

Stellen Sie sich eine Tür vor, am besten in einem mittelalterlichen Gebäude, in einer Burg oder in einem Schloss ... Gestatten Sie Ihrer Phantasie, ein recht deutliches Bild von dieser Tür zu malen ... Nun gehen Sie neugierig auf diese Tür zu und öffnen sie ... Dahinter sehen Sie einen Gang, der nur schwach beleuchtet ist, den Sie mit Neugier betreten ... Langsam gewöhnen sich Ihre Augen an das schwache Licht. Am Ende des Ganges entdecken Sie eine Wendeltreppe, die nach unten führt, tief hinein in Ihre Seele. Schon jetzt, oben an der Wendeltreppe, spüren Sie deutlich, dass Sie dort unten etwas Schönes erleben werden. So betreten sie mit positiver Spannung die ersten Stufen, die Sie nach unten geleiten ... In einem angenehmen Tempo haben Sie nun die erste volle Drehung der Wendeltreppe nach unten hinter sich gebracht. Treppe für Treppe geht es den zweiten Kreis nach unten ... Treppe für Treppe den dritten Kreis ... Treppe für Treppe den vierten Kreis ... Treppe für Treppe den fünften Kreis ... Treppe für Treppe den sechsten Kreis ... und Treppe für Treppe den siebten Kreis ... Nun sehen Sie bereits den unteren Treppenvorraum und in ein paar Metern Entfernung, immer noch in einem schwachen Licht, wiederum eine Tür, auf die Sie, unten angekommen, mit leichtem Herzklopfen, aber mutig, zugehen und anklopfen. Sie hören, wie sich Schritte von der anderen Seite nähern. In einem ganz normalen Tempo öffnet sich die Tür. Licht fällt in den Wendeltreppenraum und vor Ihnen steht eine Person mit sympathischer Ausstrahlung, einem schön geschnittenen Gesicht und angenehmen Blick. Diese Person verhält sich so, als wenn Sie erwartet wurden. Sie werden mit Ihrem Namen angesprochen und mit einladender Geste in den Innenraum gebeten. Als Erstes fällt Ihr Blick auf einen prachtvoll gedeckten Tisch: Kerzen brennen, wunderschönes Porzellan, eine Weinflasche steht geöffnet in einem Kühlbehälter, Brot, Trauben, Obst, Gemüse und exotische Früchte lassen den Tisch, der für zwei Personen gedeckt ist, wie ein Kunstwerk erscheinen. Ihr Gastgeber lädt Sie ein, Platz zu nehmen, und Sie setzen sich wie im Traum, während im Hintergrund eine angenehme Musik zu hören ist. Ihr Gastgeber setzt sich so taktvoll an den Tisch, dass Sie ihn nicht ständig ansehen müssen. Sie haben auf einmal das Gefühl, da angekommen zu sein, wo Sie schon immer hin wollten. Sie fühlen sich unwahrscheinlich wohl, so, als wenn Sie in Ihrem Ur-Zuhause angekommen sind. Misstrauen und Angst sind wie vertrieben. Neben dem gemeinsamen Essen entwickelt sich ein entkrampftes, tief gehendes und gleichzeitig aufbauendes Gespräch mit Ihrem Gastgeber, für das Sie jetzt einfach etwas Zeit haben möchten ...

Nachdem es Ihnen gut geschmeckt hat, merken Sie, dass nun das Ende Ihres Gespräches angesagt ist ... und zum Schluss haben Sie den Eindruck, als seien Sie dem großen, weisen Menschenbruder oder der großen, weisen Menschenschwester begegnet ...

Sie erheben sich beide vom Tisch, schließen sich in die Arme, flüstern sich gegenseitig noch etwas ins Ohr ... und mit beschwingtem Schritt gehen Sie durch die Eingangstür wieder nach draußen zu Ihrer Wendeltreppe ... und so, als wenn Sie einen Energieschub erhalten hätten, bewältigen sie die siebenfache Wendeltreppe nach oben, erster Kreis nach oben ... zweiter Kreis ... dritter Kreis ... vierter Kreis ... fünfter Kreis ... sechster Kreis ... und siebter Kreis nach oben ... Sie tanzen den Weg zur Ausgangstür, öffnen sie und finden sich in Ihrem Raum wieder. Öffnen Sie Ihre Augen und recken und strecken Sie sich ganz wohlig, wie eine Katze nach ihrem Mittagsschlaf.

• Biblische Andeutung

»Merkt ihr denn gar nicht, dass Christus in euch ist?« (2. Korintherbrief, Kap. 13, 5)

Daneben gibt es weitere Textstellen in der Bibel, die uns andeuten, dass Gott, der Geist Gottes und Jesus Christus in uns wohnen, in uns zu Hause sind. Tief drinnen, in der Seele findet die Begegnung mit dem Göttlichen statt.

Vielleicht sind Sie vorher, im Innenraum Ihrer Seele, Ihrem Menschenbruder Jesus Christus begegnet.

Vortrag
»Freunde und Feinde, Bettler und Bosse an einem Tisch vereint« – Von der Bedeutung des Abendmahls

Als es Abend geworden war, kam Jesus mit den Zwölfen dorthin. Während sie zu Tisch lagen und aßen, sagte er: »Amen, ich sage euch, einer von euch, der jetzt mit mir isst, wird mich verraten.« Sie waren bestürzt und einer nach dem anderen fragte ihn: »Doch nicht ich?« ... Und während sie aßen, nahm Jesus das Brot, sprach das Dankgebet, brach es, gab es ihnen und sprach: »Nehmt. Das ist mein Leib!« Und er nahm einen Becher Wein, sprach darüber das Segensgebet, gab ihnen auch den und alle tranken daraus. Und er sprach: »Das ist mein Blut des Bundes, das für viele vergossen wird. Amen ich sage euch: Ich werde nicht mehr vom Gewächs des Weinstocks trinken bis zu jenem Tag, an dem ich von ihm aufs Neue trinken werde im Reich Gottes.« Dann sangen sie die Lobpsalmen und gingen hinaus zum Ölberg.

(Markus 14,17-19.22-26)

1. Vorbemerkungen

In der Urchristenheit gab es nur zwei Riten, die für alle Christen wichtig waren: die Taufe und das Abendmahl. Keiner dieser beiden Riten war durch alte Traditionen legitimiert. Sie waren beide ausgesprochen jungen Datums. Im Unterschied zur Taufe, die von Johannes dem Täufer[42] eingeführt wurde, geht das Abendmahl auf Jesus selbst zurück. Das Abendmahl ist der einzige Ritus, der aus einem Handeln Jesu hervorgegangen ist. Insofern ist er in besonderer Weise *sein Ritus.*

Beim Abendmahl geht es um Essen und Trinken, zwei elementare Vorgänge, die jeder Mensch kennt und die für jeden Menschen unverzichtbar sind. Essen und Trinken stärkt sowohl den Körper als auch die Seele und betrifft alle Sinne. Es ist kein Vorgang, der sich nur intellektuell im Kopf abspielt. Beim Abendmahl handelt es sich nicht

42 Johannes der Täufer war eine prophetische Gestalt des damaligen Judentums. Kurz vor dem öffentlichen Auftreten Jesu löste er eine breite Bußbewegung aus. Auch Jesus selbst hat sich von Johannes dem Täufer taufen lassen. Das war der Hauptgrund dafür, dass die Urchristenheit die von Johannes dem Täufer eingeführte Taufe übernahm und in den christlichen Glauben integrierte.

um ein Essen, das der Mensch allein zu sich nimmt. Es ist ein gemeinschaftliches Essen. Damit bringt das Abendmahl zum Ausdruck, dass der Mensch ein Gemeinschaftswesen ist. Wie die Taufe, so ist auch das Abendmahl ein sehr schlichter Ritus. Im Abendmahl erhält das Einfache und Alltägliche eine tiefe Bedeutung. Wenn im Abendmahl »die Religion Jesu« in konzentrierter Form zum Ausdruck kommt, dann ist Religion nichts Weltfernes, Abgehobenes und Irreales, sondern eng mit den Grundlagen des Lebens verbunden. Das wird vollends deutlich, wenn wir bedenken, *was* wir im Abendmahl essen und trinken: Brot und Wein.

2. Brot und Wein

Während wir heute zwischen vier Grundnahrungsmitteln abwechseln können (Getreide, Kartoffel, Reis und Mais), kannte man im antiken Orient als Grundnahrungsmittel nur Getreide. Über 50 % des Kalorienbedarfs wurde durch Getreide abgedeckt. Für die damaligen Menschen war deshalb das Brot die Grundlage des Lebens. Hinzu kam, dass sich in der Antike die meisten Menschen Fleisch nicht leisten konnten. Sie lebten vegetarisch oder fast vegetarisch. Fleisch gab es nur an den großen Festtagen, wenn überhaupt.

Die damalige Brotqualität entsprach nicht unserer heutigen. Das Brot der einfachen Menschen war das Gerstenbrot. Es war dunkler und grober als das Weizenbrot und nicht so schmackhaft. Der Weizenanbau erforderte bessere Anbaubedingungen. Das Weizenbrot war meist den wohlhabenderen Schichten vorbehalten. Die Menschen aßen oft nur zwei Mal am Tag. Die Hauptmahlzeit war am Abend. Das Brot war der Kernbestand jeder Mahlzeit. Alles andere galt als Beilage. Zum Brot aß man Gemüse, Obst, Eier, Oliven und Zwiebeln. Über lange Zeit hinweg war das Wort »Brot« die Bezeichnung für Speise überhaupt. Die Ausdrücke »Brotzeit«, »Abendbrot« und »tägliches Brot« zeigen, dass das bis ins 20. Jahrhundert so geblieben ist. Fiel die Getreideernte schlecht aus, führte das zu schweren Krisen und Hungersnöten. Das einzige Grundnahrungsmittel war stets gefährdet.

Mit »Brot« war und ist im Orient ein rundes, dünnes Fladenbrot gemeint. Es war etwa tellergroß und fingerdick und wurde normalerweise so gebacken, dass es zur Mitte hinführende Kerben hatte. Ihnen entlang riss man das Brot in einzelne Stücke. Das nannte man »Brot brechen«. Es war nicht üblich, das Brot mit einem Messer zu schneiden. Man war der Auffassung, dass man durch Schneiden das Brot »tötet«. Das galt als respektlos. In den orientalischen Dörfern hörte man jeden Tag stundenlang die rhythmischen Reibegeräusche der handbetriebenen Getreidemühlen. Ausnahmen waren die Festtage und – bei den Juden – der Schabbat. Das Herstellen des Brotes erforderte täglich einen beträchtlichen Aufwand. Zu den Aufgaben der Frauen gehörte es, das Getreide zu mahlen und das Brot zu backen. Die Kinder sammelten Brennmaterial (Unkraut, Mist, Holz). Die Männer machten Feuer.

In dem Gebet, das Jesus seine Jünger lehrte, heißt es: »Das Brot für morgen gib uns heute.« Luther übersetzte das mit »Unser tägliches Brot gib uns heute.« Diese Bitte ist aus der Perspektive der Tagelöhner formuliert. Sie verdienten mit ihrem Tageslohn, der jeweils am Abend ausbezahlt wurde, für sich und ihre Familie den Lebensunterhalt des nächsten Tages.

Zu einem normalen Essen tranken die Menschen Wasser. Palästina war aber auch ein Kernland des Weinanbaus. Oft wurde das Wasser mit Wein vermischt. Der bessere, unverdünnte Wein war den festlichen Gelegenheiten vorbehalten. Wein gehörte also sowohl zum Alltag (als verdünnter Wein) als auch zum Fest. Wein steht für die Offenheit des Lebens zum Festlichen. Der Mensch kann nicht sein ganzes Leben *nur* im Alltag leben. Er braucht das Fest, um sich vom Alltag zu erholen und sich ein stückweit von ihm zu befreien. Das Leben will auch gefeiert sein. Fazit: In den Worten »Brot und Wein« hörte ein orientalischer Mensch den Grundrhythmus des Lebens.

3. Die Rolle der Tischgemeinschaft im öffentlichen Wirken Jesu

Wenn wir die Bedeutung des Abendmahls verstehen wollen, müssen wir zunächst nach der Bedeutung der »Tischgemeinschaft« im öffentlichen Wirken Jesu fragen. Denn das letzte Abendessen Jesu in jener Nacht, in der er verraten und verhaftet wurde – aus dieser Nacht wird das Abendmahl oft zu isoliert hergeleitet – ist lediglich das letzte Glied in einer langen Kette von Tischgemeinschaften (allerdings ein besonders wichtiges Glied). Im Lebensstil Jesu spielte die Tischgemeinschaft eine zentrale Rolle. Sie war wie ein Brennpunkt, in dem das Besondere dieses Menschen zum Ausdruck kam. Es ist deshalb erforderlich, etwas weiter auszuholen.

Nach den Evangelien sah Jesus seine Lebensaufgabe darin, auf der Basis seiner eigenen Gotteserfahrung das Volk Israel neu zu sammeln.[43] Dieser Aufgabe widmete er fortan sein Leben. Nach der Überzeugung Jesu begann mit seiner Gotteserfahrung eine neue Zeit für ganz Israel: das Nahekommen des Reiches Gottes. Keine Bindung oder Tradition sollte die Menschen davon abhalten, sich den Gotteserfahrungen Jesu und seiner daraus resultierenden Botschaft vom Reich Gottes zu öffnen. Jesus ging an die genannte Lebensaufgabe nicht als Einzelner heran. In Kapernaum, seiner Wahlheimat, gründete er als erstes einen *Schülerkreis*. Darüber hinaus entstand in der Region um Kapernaum auch ein größerer Anhänger- und Sympathisantenkreis. Jesus sah die Menschen, die sich seiner Gotteserfahrung öffneten, als eine »neue Familie« an, die an die Stelle der bisherigen leiblichen Familie trat (vgl. Mk 3,31-35). Das Vorhandensein eines Schülerkreises war im damaligen Judentum an sich nichts Neues. Viele religiöse Lehrer hatten ihren Schülerkreis. Für Jesus hatte der Schülerkreis jedoch eine größere Bedeutung als sonst. Er sah in ihm die Keimzelle für eine neue Art des Zusammenlebens auf der Basis seiner Gotteserfahrungen. Während sich im damaligen Judentum die Schüler ihre religiösen Lehrer aussuchen konnten, suchte Jesus sich seine Schüler aus. Das war neu.

Beim Zusammenstellen des Schülerkreises ging Jesus offensichtlich sehr bewusst vor. Am erstaunlichsten war, dass er nicht nur Männer in seinen Schülerkreis aufnahm, sondern *auch Frauen*. Auch das gab es in Israel bisher nicht.[44] Jesus wollte den vorhandenen Männerbünden (Pharisäer, Sadduzäer, Zeloten, Essener u.a.) keinen weiteren hinzufügen. Er erstrebte keine brüderliche, sondern eine *geschwisterliche* Weise des Zusammenlebens. Fünf Frauen, die zum Schülerkreis gehörten, werden namentlich überliefert (darunter zwei verheiratete Frauen). Es waren aber sicher mehr als diese. Die fünf namentlich be-

43 »Wer nicht mit mir sammelt, der zerstreut« (Mt 12,30; Lk 11,23). Zur Gotteserfahrung Jesu vgl. Georg Schützler; Siegfried Zimmer, Wohin gehen Nachteulen? Argumente, Geschichten und Phantasien für Gottsucher und solche, die es werden könnten, Stuttgart/Gütersloh 1998, Seite 143-173.

44 Vgl. Mk 15,40-41; Mt 27,55-56; Lk 8,1-3; 10,38-42; Joh 20,11-18. Die Aufnahme von Frauen in einen Schülerkreis war schon deshalb erstaunlich, weil Frauen im damaligen Judentum – wie überhaupt in der Antike – in der Regel Analphabeten waren. Für Jungen gab es in der jüdischen Gesellschaft ab dem 2. Jahrhundert v. Chr. – erstmals in der Antike – eine allgemeine Schule, die auch den Söhnen der Unterschicht offenstand. Alle jüdischen Männer sollten die Heilige Schrift lesen können.

kannten Frauen sind: Maria aus Magdala, Johanna, Susanna, Salome und Maria, die Mutter von Jakobus dem Kleinen (vgl. Lk 8,1-3; Mk 15,40-41). In Lukas 8,3 heißt es ausdrücklich: »... und viele andere.« Bei den Männern handelte es sich um einfache Leute aus dem Volk. Mehrere von ihnen waren Fischer. Einige Schüler hatten *griechische* Namen (Andreas, Philippus). Damals gaben nur diejenigen jüdischen Eltern ihren Kinder griechische Namen, die ihre Aufgeschlossenheit und Sympathie für die hellenistische Kultur zum Ausdruck bringen wollten. Man kann deshalb davon ausgehen, dass die betreffenden Schüler aus »liberalen« jüdischen Familien kamen. Völlig überraschend war, dass Jesus sowohl einen *Zöllner* als auch einen *Zeloten* in seinen Schülerkreis berief (vgl. Mk 2,15; Mt 10,2; Lk 6,15). Zöllner und Zeloten standen sich feindlich gegenüber. Sie verkörperten den schärfsten Gegensatz, den es innerhalb der damaligen jüdischen Bevölkerung gab. Ihr Gegensatz galt als unüberbrückbar. Während die Zöllner an einem ausbeuterischen Steuersystem mitarbeiteten und verdienten, waren Zeloten Widerstandskämpfer, die die Ausbeutung und Unterdrückung Israels beenden wollten. Wie es Jesus gelungen ist, aus so gegensätzlichen Gruppierungen je einen Vertreter in seinen Schülerkreis zu rufen und dort zu halten, ist ein Rätsel. Der Sachverhalt zeigt, dass es ihm auf Versöhnung ankam und zwar in einem Ausmaß, das man nicht für möglich angesehen hat. Jesus hielt das Überwinden von Abneigung und Hass auch bei Menschen für möglich, die sich gegenseitig als Verräter bzw. Fanatiker abgestempelt hatten. Ermöglichungsgrund dieser Versöhnung war die Gotteserfahrung Jesu.

Das Zusammenleben im Schülerkreis Jesu bzw. in der Jesusbewegung war vor allem dadurch geprägt, dass die Herrschaft von Menschen über Menschen auf allen Ebenen abgebaut wurde. Es gab keine Rangabstufungen mehr, auch keine Herrschaft von Männern über Frauen. Kein Mensch sollte sich über andere erheben. Die Jesusbewegung schottete sich dabei nicht elitär nach außen ab. Sie blieb offen für alle Schichten der Bevölkerung. Ihre Identität beruhte nicht auf Abgrenzung, sondern auf Integration und Vergebung. Die von Jesus berufenen Schülerinnen und Schüler waren in keiner Weise besondere Menschen. Sie waren nicht besser oder schlechter als andere. Er hatte sie gerufen und sie haben sich rufen lassen. Sie ließen sich auf ihn und seine Botschaft ein. Sie wurden von seinen Gotteserfahrungen angesteckt. Obwohl die meisten Jünger und Jüngerinnen vor ihrer Berufung durch Jesus nicht viel miteinander zu tun hatten, verknüpfte sich jetzt ihr Leben auf intensive Weise. Das gemeinsame Leben, das sie führten, drückte sich vor allem in den *Tischgemeinschaften* aus. Die Tischgemeinschaft machte die neue Familie sichtbar. Wie für jede Familie, war auch für die neue Familie der gemeinsame Tisch unverzichtbar. Gerade bei Tisch wurden sonst in der Antike Hierarchien und Rangabstufungen unter den Menschen sichtbar. Nicht so in der Tischgemeinschaft Jesu. Wenn sich der Schülerkreis Jesu im Haus des Petrus in Kapernaum zum gemeinsamen Abendessen versammelte, war keine homogene Gruppe von Menschen beieinander, sondern eine buntscheckige Gesellschaft unterschiedlichster Herkunft und Prägung, die in kein Schema passte. Für Jesus hing das Reich Gottes und eine gesellige Tischgemeinschaft eng miteinander zusammen. So erfreulich, wie ein fröhliches, geselliges Essen ist, so erfreulich ist das Reich Gottes. Wie schon die jüdische Tradition vor ihm, so sprach auch Jesus vom Reich Gottes im Bild einer Tischgemeinschaft: »Viele werden von Westen und Osten kommen und mit Abraham zu Tisch liegen« (Mt 8,11).[45]

Jesus ließ sich in Kapernaum nicht einfach häuslich nieder und beschäftigte sich keineswegs nur mit seinem Schülerkreis. Er wanderte durch die ganze Region. Er sagte: »Heute, morgen und übermorgen muss ich wandern« (Lk 13,33). Mit besonderer Aufmerksamkeit wandte er sich den Armen und Kranken zu und den »Sündern und Zöllnern«. Das waren die Gruppen im damaligen Judentum, die es nicht leicht hatten mit der Religion und sich schwer taten mit dem Glauben an Gott. Zu *diesen* Menschen fühlte Jesus sich besonders hingezogen. In der damaligen jüdischen Gesellschaft war der Begriff »Sünder« bzw. »Sünderin« klar definiert. Es gab »Gerechte« und »Sünder«. In jeder Ortschaft wusste man, wer zu den einen gehörte und wer zu den anderen. Gerechte und Sünder wohnten meist in verschiedenen Straßen und Wohnvierteln.[46] Die Unterscheidung zwischen Gerechten und Sündern bedeutete nicht, dass die Gerechten

45 Ausgangspunkt dieser Vorstellung ist eine der schönsten und wichtigsten Verheißungen des Alten Testaments: »Und der Herr Zebaoth wird allen Völkern auf dem Berg Zion ein üppiges Mahl bereiten, ein Mahl mit dem besten Wein, mit Fleisch und Mark ... Und er wird auf diesem Berg die Hülle wegtun, mit der alle Völker umhüllt sind und die Decke, mit der alle Menschen bedeckt sind. Und er wird den Tod vernichten für immer« (Jes 25,6-8).

46 Die Auffassung des Paulus »wir sind *alle* Sünder« (Röm 3,23), die in der Christenheit geläufig geworden ist, gab es zur Zeit Jesu in Palästina noch nicht. Diese Auffassung hatte maßgeblich dazu beigetragen, dass die *gesellschaftliche* Unterscheidung von »Sün-

sich für sündlos hielten. Die Unterscheidung war vielmehr eine Frage des Berufs. Als »Sünder« bezeichnete man jene Menschen, die ihren Lebensunterhalt auf unehrenhafte Weise verdienten, d.h. auf eine Weise, die grundsätzlich (»notorisch«) im Widerspruch zur Heiligen Schrift stand (zur Tora). Sünder sündigten berufsmäßig. Wer z.B. beruflich mit der römischen Besatzungsmacht oder mit den Verbündeten Roms zusammenarbeitete, lebte nach Überzeugung der maßgeblichen religiösen Kreise im Widerspruch zur Tora. Das betraf z.B. die »Zöllner«, die in Judäa für die Römer und in Galiläa für Herodes Antipas Gebühren einzogen und damit die Unterdrückung Israels begünstigten.[47] Die Bezeichnung »Sünder« galt aber auch für Geldverleiher, Gerber (sie wurden durch Berührung von Tierleichen ständig kultisch unrein), Glücksspieler, Räuber, Hausierer und Prostituierte. Viele zählten auch die Armen, die die in der Tora vorgesehenen religiösen Abgaben nicht aufbringen konnten, zu den »Sündern«. Das Wort »Sünder« bezeichnete einen bestimmten Platz in der Gesellschaft, den Platz derer, die weder religiös noch gesellschaftlich angesehen waren.

Um die damalige Unterscheidung von »Gerechten« und »Sündern« verstehen zu können, muss man berücksichtigen, dass es die für uns

dern« und »Gerechten« allmählich aufgegeben wurde. »Sünder« war für Paulus kein soziologischer Begriff mehr – wie noch zur Zeit Jesu –, sondern ein theologischer. Die Tatsache aber, dass jede Gesellschaft zwischen geachteten und nichtgeachteten Mitgliedern unterscheidet, blieb bestehen.

47 Die jüdische Bevölkerung musste nicht nur die jährlichen *Steuern* aufbringen, sondern darüber hinaus auch eine Reihe von unregelmäßigen *Gebühren* entrichten (Markt-, Waren- und Weggebühren). Das Recht, diese Gebühren in einer bestimmten Region einzuziehen, wurde von den Römern bzw. von Herodes Antipas meistbietend an reiche jüdische Privatleute verpachtet. Zum Einziehen der Gebühren stellten diese Pächter zahlreiche Bedienstete ein. Sowohl die Pächter als auch deren Bedienstete gaben sich nach Meinung der Bevölkerung dazu her, an einem ausbeuterischen Steuersystem mitzuarbeiten und sich dadurch – gegen ihre eigenen Volksgenossen – finanzielle Vorteile zu verschaffen. Sie standen in dem Ruf, habgierig und korrupt zu sein und es mit ihrer jüdischen Religion nicht ernst zu meinen. Während jedoch die Pächter der Oberschicht angehörten, waren ihre Bediensteten einfache Leute aus der Unterschicht. Oft waren Verschuldungen der Grund, solche Arbeiten anzunehmen. *Diese Bediensteten* sind gemeint, wenn in den Evangelien von »Zöllnern« die Rede ist. Nur an einer Stelle ist in den Evangelien von einem »Oberzöllner« die Rede, »der reich war« (Lk 19,2). Hier dürfte es sich um einen Pächter gehandelt haben, zumindest aber um einen höherrangigen Vorgesetzten über zahlreiche Bedienstete. Wichtig für die Interpretation der Evangelien ist: wenn sie von »Zöllnern« sprechen, sind keine reichen, sondern arme Menschen gemeint. Natürlich geht es bei ihnen auch nicht um »Zollbeamte« im heutigen Sinn des Wortes.

selbstverständliche Unterscheidung von Religion und Politik in der Antike nicht gab. Die Tora war im damaligen Judentum sowohl Heilige Schrift als auch bürgerliches Gesetzbuch. Sie regelte das gesamte religiöse, gesellschaftliche und familiäre Leben. Zu dieser Regelung gehörte vor allem auch die Unterscheidung von »rein« und »unrein« (vgl. Lev 11-27). Alles, was den Menschen in seinem Verhältnis zu Gott negativ beeinflussen bzw. die Teilnahme am religiösen Kult beeinträchtigen konnte, galt als »unrein«. Dabei wird »Reinheit« als etwas verstanden, das schnell verloren gehen kann, weil es ständig durch das Unreine gefährdet und bedroht ist. Das Reine kann leicht durch das Unreine infiziert, beschmutzt werden. Deshalb musste man die Reinheit sorgfältig behüten und beschützen. Das wiederum führte zu einem starken Bedürfnis nach Absicherung und Abgrenzung. Aufgrund ihrer notorischen Missachtung der Tora galten die Sünder – zumindest potenziell – als unrein. Sie wurden den Heiden gleichgestellt und als »Gottlose« bezeichnet. Nach allgemeiner Überzeugung standen sie außerhalb des Bundes Gottes mit Israel, d.h. außerhalb der jüdischen Religionsgemeinschaft. Sie durften deshalb keine öffentlichen Ämter übernehmen und waren vor Gericht nicht als Zeugen zugelassen. Die Gerechten beteten und fasteten zwar für die Sünder, für ihre Umkehr in das Volk Gottes – die Umkehr der Sünder musste nach damaliger Auffassung mit der Aufgabe ihres Berufs beginnen –, mieden aber den Kontakt zu ihnen, um sich nicht zu verunreinigen und dadurch kultunfähig zu machen. Eine Tischgemeinschaft der Gerechten mit Sündern war undenkbar. Abgesehen von der ehelichen Gemeinschaft im engeren Sinn, galt die Tischgemeinschaft als die engste und vertrauteste Form menschlicher Gemeinschaft. Wie man nicht die Häuser der Heiden betrat, so auch nicht die Häuser der Sünder. Die Unterscheidung von Gerechten und Sündern galt als so unerlässlich, wie die Unterscheidung von rein und unrein. Diese Unterscheidung war ein Bestandteil der Identität der Gerechten.

Neben diesem religiösen Aspekt spielten bei der Unterscheidung von Gerechten und Sündern auch allgemeine gesellschaftliche Aspekte eine Rolle. In jeder Gesellschaft gibt es die Besitzer der Macht und des Geldes und die Besitzer der Werte und des Rechts. Diese beiden tonangebenden Gruppen müssen nicht identisch sein. Die Besitzer der Werte und des Rechts legen fest, was in einer Gesellschaft als gut und wertvoll gilt. Das gesellschaftliche Ansehen eines Menschen hängt davon ab, inwieweit er die Werte vertritt, auf denen seine Gesellschaft aufgebaut ist. In jeder Gesellschaft gibt es eine Regel, wie mit denjenigen umzugehen ist, die die anerkannten Werte durch ihren Lebensstil untergraben. Die Regel heißt: meide den Kontakt zu solchen Menschen, zumindest öffentlich. Wenn man sich nicht von denen distanziert, die die Grundlagen einer Gesellschaft missachten, gerät die Stabilität der Gesellschaft in Gefahr. Wer diese »Kontaktsperre« ignoriert, den ereilt das gleiche Schicksal wie die Gemiedenen: er verliert Freunde und Bekannte unter den gesellschaftlich Angesehenen.

Die Vertreter der Werte und des Rechts stehen auf dem Standpunkt: Die Werte, auf denen eine Gesellschaft aufgebaut ist, gelten für alle Mitglieder dieser Gesellschaft. Das Recht ist für alle verbindlich. In der damaligen jüdischen Gesellschaft bedeutete das: Die Tora ist für alle verbindlich. Sie gilt für alle gleichermaßen. Dieser Standpunkt ist durchaus berechtigt. Er gerät allerdings dann ins Zwielicht, wenn dabei zu wenig berücksichtigt wird, dass es nicht für alle Menschen gleichermaßen leicht ist, bestimmte Werte zu verwirklichen und das Recht (die Tora) zu befolgen. Der Grund dafür liegt in den sehr verschiedenen Start- und Lebensbedingungen der Menschen. Sobald diese Unterschiede zu wenig beachtet oder in pauschaler Weise nur den Betroffenen selbst angelastet werden, wird die Unterscheidung zwischen denen, die das Recht befolgen (und Anerkennung finden) und denen, die es nicht tun, selbst zu einem Ausdruck von Ungerechtigkeit. Dann erhält das Standesbewusstsein der Geachteten etwas Elitäres und Arrogantes und ihr Umgangsstil mit den Nichtgeachteten etwas Diskriminierendes.

Indem Jesus sich den Sündern und Zöllnern zuwandte, brüskierte er die geltende »Kontaktsperre« und ließ sich auf ein heikles öffentliches Konfliktfeld ein. Jesus hat den Kontakt zu den (potenziell) Unreinen nicht nur nicht gemieden. Er hat ihn *gesucht!* Er ist auf die Sünder von sich aus zugegangen (vgl. Mt 18,12-14; Lk 19,1-10). Im Blick auf die Gefahr der Verunreinigung war Jesus auffallend unbekümmert (vgl. Mk 5,27-32; 7,14-23; Lk 7,14.36f). Er handelte diesbezüglich nicht aus einer besorgten oder ängstlichen, sondern aus einer mutigen Haltung heraus. Reinheit war für ihn kein ständig bedrohtes und deshalb stets zu behütendes und zu beschützendes Gut, sondern eine expandierende Kraft. Jesus ging von einer *ansteckenden Reinheit* aus, die die Unreinheit vertreibt bzw. heilt. Reinheit und Heiligkeit waren für ihn keine zu verteidigenden, sondern *offensive* Qualitäten. Die Heiligkeit, die Jesus verbreitete, zeigte sich deshalb nicht im Bedürfnis nach Abgrenzung, sondern in der Bereitschaft zur Integration. Nach den anerkannten Maßstäben seiner Zeit war Jesus auffallend oft in schlechter Gesellschaft. Das hielt ihn allerdings nicht davon ab, das zu tun, was er für richtig hielt. Er hatte keine Angst um seinen Ruf. Und er kam bald in Verruf. Insbesondere fand man es unpassend und provokant, dass Jesus sich von Zöllnern und Sündern zum Essen einladen ließ. Die Empörung darüber wird in den Evangelien mehrfach zitiert: »Er ist ein Freund der Zöllner und Sünder« (Mt 11,19; Lk 7,34). »Er isst sogar mit ihnen« (Lk 15,2). Die Kritiker hätten nichts gegen eine Unterhaltung mit Zöllnern und Sündern auf der Straße einzuwenden gehabt. Aber man geht zu Sündern und Zöllnern nicht zum Abendessen: »Der Zöllner Levi gab für Jesus ein großes Festessen in seinem Haus, zu dem auch viele Zöllner und deren Bekannte geladen waren. Daraufhin beschwerten sich die Pharisäer und ihre Schriftgelehrten bei den Jüngern Jesu und sagten: ›Wie könnt ihr mit Zöllnern und Sündern gemeinsam essen und trinken?‹« (Lk 5,29-30) – Dass Jesus sich an diese Regel nicht hielt, trug ihm das Schimpfwort »Fresser und Weinsäufer« ein (Mt 11,19; Lk 7,34). Wie außergewöhnlich das Verhalten Jesu war, geht aus folgendem Tatbestand hervor: In den jüdischen Schriften der damaligen Zeit wird kein religiöser Lehrer erwähnt, der in seine Tischgemeinschaften Zöllner und Sünder integrierte. Die Formulierung »Sünder und Zöllner«, die sich in den Evangelien des öfteren findet, ist in den Schriften des damaligen Judentums nicht belegt.[48] Die Evangelien halten mit dieser Formulierung etwas fest, das neu und für den Lebensstil Jesu kennzeichnend war.

Die Empörung über das Verhalten Jesu hängt auch damit zusammen, dass ein gemeinsames Essen im antiken Orient mehr bedeutete als bei uns heute. Es gab keine öffentlichen Lokale, in denen man sich »auf halber Distanz« zum Essen treffen konnte. Das gemeinsame Essen fand im Haus der einladenden Familie statt. Dabei bekam ein fremder Mann auch die Frauen und Töchter des Familienverbands zu Gesicht. Deshalb war eine Einladung zum Essen nicht nur eine Sympathieerklärung, sondern stets eine Vertrauenssache, eine Art Auf-

48 Vgl. J. Becker, Jesus von Nazareth, Berlin/New York 1996, 201ff. Es findet sich vielmehr der Grundsatz: »Ein Lehrer ... soll nicht mit Gesetzesunkundigen Tischgemeinschaft haben« (b. Ber. 43b Bar). Schon im Buch Sirach heißt es: »Gerechte Männer seien deine Tischgenossen« (2,16). In der Qumran-Gemeinde erfolgte die Aufnahme in die Tischgemeinschaft erst nach zwei Jahren Probezeit.

nahme in den Bekanntenkreis und in den Privatbereich. In Palästina aß man oft vor dem Haus, im schattigen Hof. Da der Hof meist mit mehreren anderen Häusern verbunden war, bekam die Nachbarschaft mit, wer mit wem aß. Bei den Ausgrabungen in Kapernaum ist eine »Insula-Bauweise« zutage getreten: mehrere Häuser gruppieren sich um einen Innenhof zu »Wohninseln«. Ein Abendessen war deshalb eine halböffentliche Angelegenheit. So gesehen war die Tischgemeinschaft Ausdruck der gesellschaftlichen Verbundenheit und Solidarität. Wenn Jesus die Einladung von Sündern und Zöllnern zu einem gemeinsamen Essen annahm, gab er bereits durch sein Verhalten zu verstehen: mir liegt am Kontakt zu euch mehr als an dem, was die Leute sagen.

Ein weiterer Gesichtspunkt machte die Tischgemeinschaft Jesu mit den Sündern und Zöllnern noch bedeutungsvoller. Jesus war der Überzeugung, dass *Gott selbst* ihn zu seinem Lebensstil inspiriert hat, auch zu den Tischgemeinschaften mit Zöllnern und Sündern. Insofern brachte er etwas sehr Spezifisches in diese Tischgemeinschaften mit ein: die Überzeugung der Nähe und der Zustimmung Gottes. Jesus vermittelte den Anwesenden den Eindruck: im Grunde komme nicht nur ich zu euch. Mit mir kommt auch Gott zu euch. So kontaktfreudig und interessiert wie ich bin, ist auch er. Meine Art zu leben habe ich von ihm. Diese Bedeutung, die eine Tischgemeinschaft mit Jesus hatte, war den Einladenden bewusst. Sie haben gespürt, dass das bei Jesus echt ist. So kam es, dass Menschen, von denen es niemand erwartet hätte, im Zusammensein mit Jesus ein neues Zutrauen zu Gott fassten. Sie konnten mit Gott wieder etwas anfangen. Sie sagten: Wenn Gott tatsächlich so ist wie du, ja *dann* sieht die Sache ganz anders aus. Wir haben gedacht, wir wären bei Gott schlecht angesehen, er interessiere sich nicht für uns. Wir haben es mit der Religion und der Moral nicht genau genommen. Zu den Gottesdiensten gehen wir schon lange nicht mehr. Bei den religiösen Leuten fühlen wir uns nicht wohl. Die wollen ja auch mit uns nichts zu tun haben. Aber bei dir ist das anders. Du kannst uns leiden. Wegen dir fangen wir mit Gott noch einmal von vorne an.

Jesus hat bei seinen Tischgemeinschaften den Menschen nicht nach dem Mund geredet. Er konnte bittere Wahrheiten sagen über Habgier und Hartherzigkeit. Er rechtfertigte nicht die bei den Zöllnern häufig vorkommende Korruption und nicht die Prostitution. Jesus hatte einen realistischen Blick für die Menschen, ihre Notlagen, Schwächen und Raffinessen. Er liebte die Menschen so wie sie waren. Auch die bitteren Wahrheiten sagte er ihnen nicht als Feind, sondern als Freund. Das spürten die Menschen und das veränderte sie.

Nach traditioneller kirchlicher Auffassung habe ich bis jetzt noch kein Wort zum Abendmahl gesagt. Und doch habe ich den Sinn des Abendmahls bereits in einem wesentlichen Punkt geklärt. Ich habe beschrieben, *was* wir im Abendmahl feiern. Wir feiern die Tischgemeinschaft Jesu, seine Tischgemeinschaft mit den Zöllnern und Sündern und seine Tischgemeinschaft mit seinen Schülerinnen und Schülern. Das heißt, wir feiern die Kontaktfreudigkeit Jesu, sein Interesse am Menschen, seine Zuwendungslust und seine Zuwendungskraft. Wir feiern die Überraschung darüber, dass dieser Mann durch seine Gotteserfahrungen zu einem Lebensstil dieser Art inspiriert wurde. Er führte sich den Menschen gegenüber nicht wie ein Polizist und Schulmeister auf, sondern er kam, um sich mit ihnen an einen Tisch zu setzen. Er wollte mit ihnen essen und trinken. Denn es gibt Dinge, die kann man sich nur sagen, wenn man am gleichen Tisch sitzt. Man kann sie nicht von einem Tisch zum anderen hinüberrufen.

4. Die letzte Nacht

Wir werden in diesem Gottesdienst miteinander das Abendmahl feiern. Damit tun wir etwas, das alle Christen tun, überall auf der Welt und durch alle Jahrhunderte hindurch. Warum ist das Abendmahl für die Christen so wichtig? Das hat vor allem drei Gründe: 1. Wir feiern im Abendmahl die Tischgemeinschaften Jesu, die für ihn typisch waren. 2. Wir feiern die letzte Tischgemeinschaft Jesu, in der letzten Nacht seines irdischen Lebens. 3. Wir feiern die Tischgemeinschaft, die der vom Tod auferstandene Jesus mit seinen Jüngern hielt.[49] Alle drei Gründe zusammen haben dazu geführt, dass in der Jerusalemer Urgemeinde die tägliche Tischgemeinschaft – das tägliche »Brotbrechen« – von Anfang an zum Mittelpunkt des Gemeindelebens wurde (vgl. Apg 2,42-47). Alle drei Gründe zeigen: das Abendmahl ist in besonderer Weise *sein Ritus*. Im Folgenden geht es um den an zwei-

49 Zu diesem dritten Gesichtspunkt, auf den ich im Rahmen dieses Vortrags leider nicht eingehen kann, vgl. Lk 24,13-35; Joh 21,1-23. Die Jünger erkannten den Auferstandenen als er »das Brot nahm, das Dankgebet darüber sprach, es brach und ihnen gab« (vgl. Lk 24,30-35).

ter Stelle genannten Grund, um die letzte Tischgemeinschaft des historischen Jesus. Wie kam es zu dieser letzten Nacht? In welchen Zusammenhängen und in welcher Atmosphäre fand die letzte Tischgemeinschaft Jesu statt?

Jesus war einige Tage vor jener Nacht mit seinen Schülern und Schülerinnen nach Jerusalem gekommen. Hier wollte er mit ihnen das Pesachfest (Passahfest) feiern. Dieses Fest wird jedes Jahr vom 15.-22. Nisan gefeiert und war das bedeutendste jüdische Wallfahrtsfest. Im Pesachfest feiert man die Befreiung Israels aus der Unterdrückung in Ägypten. Das gilt vor allem für die Pesachnacht (die Nacht vom 14. auf den 15. Nisan), mit der das Pesachfest beginnt. Jedes Jahr kamen Zehntausende Pilger zum Pesachfest nach Jerusalem. Sie trafen schon einige Tage vor Festbeginn in der Stadt ein, um genügend Zeit für die Festvorbereitungen zu haben.[50] Ob es sich beim letzten Abendessen Jesu um die Pesachnacht gehandelt hat – also um das Pesachmahl (Sedermahl) –, oder um die Nacht davor, lässt sich nicht mehr entscheiden. Diese Frage ist auch nicht wichtig. Was uns im Neuen Testament aus jener letzten Nacht überliefert worden ist, passt sowohl zu einem festlichen Abendessen allgemeiner Art als auch speziell zum Pesachmahl. Das was Jesus bei jenem Abendessen tat und sagte, setzt nicht notwendigerweise voraus, dass es sich um das Pesachmahl gehandelt hat.[51] Ich gehe deshalb im Folgenden von einem Abendessen allgemeiner Art aus.

---

50 Zunächst ging es darum, einen Raum oder Platz in Jerusalem zu finden, der sich für die Feier einer größeren Gruppe eignete (im Pesachfest schlossen sich mindestens zehn und höchstens hundert Personen zu einer Festgruppe zusammen). Alle Festteilnehmer mussten sich vor dem Fest rituell reinigen. Außerdem musste der Familienvater ein einjähriges, gesundes und männliches Lamm kaufen, zur Schlachtung in den Tempel bringen und dort wieder abholen. Danach wurde das Lamm und das Sedermahl – so heißt das Mahl in der Pesachnacht – zubereitet. Die Pesachlämmer durften nur im Jerusalemer Tempel geschlachtet werden. Außerhalb Jerusalems konnte man das Pesachfest nur ohne Lamm feiern. Zur Zeit Jesu hatte Jerusalem schätzungsweise 30-50 000 Einwohner. Während des Pesachfests waren weit mehr als 100 000 Menschen in der Stadt. Sie wohnten entweder in Jerusalem, in den Orten der näheren Umgebung, oder in großen Zeltlagern, die um Jerusalem herum errichtet wurden. Das Pesachfest war ein Familien- und Sippenfest (vgl. Ex 12,3). Es wurde in aller Regel im Familien- und Verwandtschaftskreis gefeiert. Von daher fällt auf, dass Jesus nicht mit seiner leiblichen Familie und Verwandtschaft nach Jerusalem zog, sondern mit seinen Jüngern und Jüngerinnen.

51 Vgl. Mk 14,22-25; Mt 26,26-29; Lk 22,14-20; 1 Kor 11,23-25. Die Mehrzahl der heutigen Exegeten nimmt an, dass es sich beim letzten Abendessen Jesu nicht um das Pesachmahl gehandelt hat. Dennoch stand es im engen Zusammenhang mit dem Pesachfest, da es der Vorabend dieses Festes war.

Die Schüler Jesu wussten, dass Jesus in der Absicht nach Jerusalem gekommen war, die hier ansässige religiöse Führungsschicht, vielleicht auch die aus aller Welt herbeiströmenden jüdischen Festpilger, mit seiner Botschaft bekannt zu machen. Insofern musste es während seines Jerusalemaufenthalts zur »Stunde der Wahrheit« kommen. Die Gespräche, die Jesus in den zurückliegenden Tagen mit führenden Jerusalemer Priestern (Sadduzäern) geführt hatte, haben allerdings deutlich gemacht, dass sie seiner Botschaft nicht zustimmten (vgl. Mk 12,1-12. 18-27). Vor allem hatte Jesus die Führung der Jerusalemer Priesterschaft auf das Schwerste provoziert, als er im Tempelvorhof die Tische der Geldwechsler und Taubenverkäufer umstieß und öffentlich das Ende des Jerusalemer Tempels – die Mitte der jüdischen Welt! – ankündigte (vgl. Mk 11,15-19; 13,1-2; Joh 2,12-22). Auf Störung des Tempelbetriebs bzw. auf Tempelfrevel standen schwere Strafen. Jesus musste von jetzt an stündlich mit seiner Verhaftung rechnen. Dass die Tempelbehörden auf eine solche Provokation im Vorfeld des Pesachfests nicht entsprechend reagieren würden, war unwahrscheinlich. Eine Verhaftung Jesu war aber auch für seine Schüler bedrohlich. *In dieser Stimmung* begann die letzte Tischgemeinschaft des historischen Jesus.

Es ist für das Verständnis des Abendmahls wichtig, dass es sich bei der Tischgemeinschaft in der letzten Nacht nicht um ein gemütliches Abendessen, in entspanntem, idyllischem Rahmen gehandelt hat. Das Abendmahl ist kein gutbürgerliches Essen. Zum Charakteristikum dieses Essens gehört die gefährdete Lage aller Beteiligten. Jeder stand auf seine Weise unter Spannung. Keiner nahm mit Selbstverständlichkeit und in Selbstsicherheit Platz. Es ging nicht nur um die *äußere* Bedrohung durch die Tempelpolizei (eventuell auch durch das römische Militär, das als Besatzungsmacht die tempelstaatliche Ordnung garantierte), sondern zugleich auch um die *innere* Gefährdung des Glaubens der Jünger Jesu und ihrer Gemeinschaft mit ihm und untereinander. Jeder der anwesenden Jünger musste sich fragen, ob es wirklich gut gewesen war, alle Hoffnungen auf Jesus gesetzt und dafür das normale Alltagsleben geopfert zu haben. Wenn er sie jetzt im Zuge seiner Verhaftung alle mit hinunter riss? War eine Verhaftung Jesu nicht zugleich die Widerlegung seiner Botschaft? Das Neue Testament nennt die letzte Nacht Jesu »die Nacht, in der er verraten wurde« (1 Kor 11,23). Nach Darstellung aller Evangelien war Jesus sich schon bei Beginn der letzten Tischgemeinschaft im Klaren darüber, dass er durch einen Verrat aus seinem Schülerkreis den Behörden ausgeliefert werden würde: »Als sie zu Tisch lagen und aßen, sagte Jesus: ›Amen, ich sage euch: Einer von euch, der jetzt mit mir isst, wird mich verraten!‹ Sie waren bestürzt und einer nach dem anderen fragte ihn: ›Doch nicht ich?‹« (Mk 14,18-19. Vgl. Mt 26,21-23; Lk 22,21-23; Joh 13,21-26). Diese Reaktion lässt erkennen, dass es bei dem Stichwort »Verrat« keineswegs nur um die Rolle des Judas geht, der nach dem Abendessen die Gemeinschaft des Schülerkreises verließ und den nächtlichen Aufenthaltsort Jesu im Garten Gethsemane den Tempelbehörden mitteilte (vgl. Mk 14,10f; Mt 26,14-16; Lk 23,3-6). *Alle* Jünger spürten, dass sie imstande waren, Jesus zu verraten. Das haben sie dann auch auf ihre Weise getan. Die Evangelien stellen die Ereignisse in jener Nacht betont als einen großen Zusammenhang dar. Zur »Nacht des Verrats« gehört, dass Jesus einige Stunden später im Garten Gethsemane von seinen Jüngern bitter enttäuscht wurde. Keiner von ihnen blieb mit ihm in der Zeit seiner schwersten Anfechtung auch nur eine Stunde wach, obwohl er sie darum gebeten hatte. Als Jesus dann im Garten Gethsemane verhaftet wurde, flohen alle Jünger (vgl. Mk 14,43-50; Mt 26,47-56). Zur Nacht des Verrats gehört auch, dass Petrus – der Sprecher des Schülerkreises – im Verlauf der Nacht mehrmals leugnete, ein Anhänger Jesu zu sein, als er von einer Frau aus dem Hauspersonal des Hohepriesters dessen bezichtigt wurde (vgl. Mk 14,66-72; Mt 26,69-75; Lk 22,54-62). Jesus wurde in jener Nacht von seinen Jüngern in mehrfacher Hinsicht verraten. Sie waren alle in die »Nacht des Verrats« verstrickt. Auf dem Weg zum Garten Gethsemane hatte Jesus zu seinen Jüngern gesagt: »Ihr werdet alle stolpern und fallen« (Mk 14,27 par).

Berücksichtigt man diese Zusammenhänge, dann besteht kein Zweifel: auch die letzte Tischgemeinschaft Jesu war eine Tischgemeinschaft *mit Sündern*.[52] Jesus hatte sich nicht deshalb mit den zwölf Jüngern zum letzten Abendessen zusammengesetzt, weil diese Zwölf seine religiöse Elite darstellen, in deren zuverlässigen Hände er seine Nachlassverwaltung legen kann. Die Teilnehmer am letzten Abendessen waren keine Untadeligen, die sich durch besondere Qualitäten ausgezeichnet haben. Die zwölf Jünger waren nicht besser als andere Leute. Ihre persönlichen Qualitäten spielten für das, was Jesus beim letzten Abendessen tat und sagte, keine Rolle.

52 So gesehen wird gerade die letzte Tischgemeinschaft des historischen Jesus ein wichtiger Schritt hin zur Erkenntnis des Paulus: »Wir sind *alle* Sünder« (Röm 3,22f).

Die Evangelien weisen ausdrücklich darauf hin, dass Jesus und seine Jünger sich zu Tisch *»legten«* (vgl. Mk 14,18; Mt 26,20; Lk 22,14). Dieser Hinweis macht deutlich, dass es sich um ein festliches Abendessen gehandelt hat. Nur bei einem festlichen Essen legte man sich auf flache Polster, die um einen niedrigen Tisch herum gruppiert waren. Man stützte sich beim Essen auf die linke Hand, die durch ein Kissen unterstützt wurde. Mit der rechten Hand aß man. Diese Tischsitte, die aus dem griechisch-römischen Kulturkreis kam, war in Palästina seit Jahrzehnten allgemein üblich. Der Raum, in dem die letzte Tischgemeinschaft Jesu stattfand, war wohl schon im Blick auf das bevorstehende Pesachfest mit Liegepolstern »ausgelegt« worden.[53] Der festliche Charakter des letzten Abendessens lässt sich am Besten damit erklären, dass Jesus mit seinem baldigen Tod gerechnet hat und dieses Abendessen als ein Abschiedsessen verstand (vgl. Mk 14,25; Mt 26,29; Lk 22,16 und das Wort Jesu zum Weinbecher). Die Erwartung des nahen Todes, mit der Jesus in dieses letzte Essen ging, schuf für ihn eine neue Situation, in der er bisher so noch nicht gewesen ist. Spätestens jetzt musste er sich Gedanken über seinen Tod machen, wie er ihn auffasste und in welchem Verhältnis sein Tod zu seiner Botschaft stand. Jesus musste sich veranlasst gesehen haben, an diesem Abend seinen Jüngern darüber Auskunft zu geben. Die Situation gab jedem Wort Gewicht.

Ein jüdisches Abendessen begann damit, dass der Hausvater bzw. Gastgeber – an jenem Abend war Jesus in dieser Rolle – ein Fladenbrot nahm, es für alle sichtbar hochhob und über diesem Brot das Dankgebet sprach. Es lautete: »Gepriesen sei der Herr, unser Gott, der König der Welt, der das Brot aus der Erde wachsen lässt.« Dazu sprachen alle Essensteilnehmer ihr »Amen«. Dann brach der Hausvater das Brot und gab jedem Anwesenden ein Stück, zuletzt auch sich selbst. Danach begann er sein Brotstück zu essen und gab so den anderen das Zeichen das Gleiche zu tun. Damit war das Essen eröffnet. Jesus begann das Essen in dieser gewohnten Weise. Beim Austeilen des Brotes unterbrach er aber die dabei übliche Stille und sagte: »Nehmt! Das ist mein Leib.«[54] Niemals zuvor hatte es etwas Derarti-

53 Es ist nicht bekannt, um welchen Raum bzw. um welches Haus es sich dabei gehandelt hat. Man kann nur sagen: es war irgendwo in Jerusalem. Zur Ausstattung des Raumes vgl. jedoch Mk 14,15: »Er wird euch ein großes Obergemach zeigen, das mit Polstern ausgelegt und bereitet ist.«

54 Ich folge dem Markusevangelium, dem ältesten Evangelium. Der Wortlaut der Sätze, die Jesus zum Brot und zum Weinbecher (s.u.) gesagt hat, sind in den vier Abend-

ges bei einem jüdischen Essen gegeben. Am Ende des Abendessens geschah etwas Ähnliches. Ein jüdisches Abendessen wurde dadurch beendet, dass der Hausvater bzw. Gastgeber den Becher nahm, für alle sichtbar anhob und über dem Becher das Segensgebet sprach. Es lautete: »Gepriesen sei der Herr, unser Gott, der König der Welt, der die Früchte des Weinstocks schafft.« Dazu sagten alle Anwesenden ihr »Amen«. Dann trank der Hausvater aus seinem Becher. Daraufhin machten es die anderen Essensteilnehmer genauso. Damit war das Essen beendet.[55] Jesus fiel auch an dieser Stelle aus dem Rahmen. Nach dem Segensgebet reichte er seinen Weinbecher an die Jünger weiter. Dabei sagte er: »Das ist mein Blut des Bundes, das vergossen wird für viele.« Auch ein solcher Satz wurde niemals zuvor im Judentum gesprochen.

Die Worte Jesu kamen für die Jünger völlig überraschend. Keiner konnte sich diesen Vorfall erklären. Man kann es bis heute nicht. Es ist sein Geheimnis. Irgendetwas muss ihn dazu veranlasst haben. Dieses Ereignis konnten seine Jünger nicht mehr vergessen. Jeder spürte, dass Jesus etwas Besonderes sagen wollte. Es war ein Abschied im Vorfeld des Todes. Jesus hatte anscheinend das Bedürfnis gehabt, seinen Jüngern gegenüber zum Ausdruck zu bringen, worauf es ihm jetzt entscheidend ankam. Er machte nicht viele Worte. Aber diese Worte haben es in sich. Die Handlungen, mit denen Jesus seine Worte verknüpfte, waren Gesten des Austeilens und Gebens. Brot und Wein sind für den Menschen etwas sehr Erfreuliches. In diesem Rahmen, der durch die beiden Gesten Jesu und die dabei ausgeteilten Gaben abgesteckt ist, sind auch die Worte Jesu zu interpretieren: Sie sind ein einziges großes Versprechen. Es sind Worte des Anteilgebens. Nichts Strenges, Zurechtweisendes oder Angstmachendes ist in ihnen enthal-

mahlsberichten des Neuen Testaments unterschiedlich überliefert (vgl. Mk 14,22-25; Mt 26,26-29; Lk 22,19-20; 1 Kor 11,23-25). Es ist deshalb nicht mehr möglich, den ursprünglichen Wortlaut der Sätze Jesu genau zu rekonstruieren. Andererseits gibt es in den vier Überlieferungen auch wichtige Übereinstimmungen, sodass sich das Wesentliche noch gut erkennen lässt.

55 Ob die Anwesenden den Schlusstrunk üblicherweise aus ihren eigenen Bechern nahmen, oder der Becher des Hausvaters herumgereicht wurde, lässt sich nicht mehr sicher sagen. Vielleicht gab es auch beide Tischsitten. Wichtig für das Verständnis des Ablaufs ist, dass zwischen dem Gebet über dem Brot und dem Gebet über dem Becher das eigentliche Essen liegt. Das wird im Markusevangelium nicht mehr deutlich. Vgl. aber im Lukasevangelium »Und genauso *nach der Mahlzeit* den Kelch ...« (Lk 22,20; ebenso 1 Kor 11,25).

ten. Das Brotwort und das Becherwort sind eine bedingungslose Zusage. Am letzten Abend blieb nur noch Platz für das, worauf es nach der Auffassung Jesu entscheidend ankam, wovon der Mensch leben kann: und das war eine *Zusage*.

Jesus identifizierte das ausgeteilte Brot und den ausgeteilten Wein mit sich selbst. Er sagte sinngemäß: Das ist mein Leben. Ich teile es an euch aus. Das »vergossene Blut« ist im Judentum ein Bild für den gewaltsamen Tod. Jesus fasste in diesen Identifikationsworten sein Leben und seinen Tod zusammen. In einer Kombination von Handlung und Wort drückte er aus, wozu er gelebt hat und sterben wird: für seine Jünger und für »die vielen«.[56] Könnte einer von uns sein Leben und Sterben so zusammenfassen? Deshalb wurden den Freunden und Freundinnen Jesu die Worte »für euch« und »für viele« zum Inbegriff des Evangeliums. Zwei schlichte Alltagsworte, die man normalerweise nicht mit Religion in Verbindung bringt, wurden zum Kern des christlichen Glaubens.

Erst im Laufe der Zeit wurde den Jüngern bewusst, wieviel Verzeihen in der Handlung und in den Worten Jesu steckt, deren Zeugen sie in jener Nacht geworden waren. Sie hatten erfahren, dass der auferstandene Jesus ihnen trotz ihres Verrats zugewandt blieb und ihnen große Aufgaben anvertraute. Seitdem war ihnen klar geworden, dass sie niemals aus schlechtem Gewissen von Gott weglaufen müssen. Dass sie vielmehr in allen Fehlern und Schwächen das Vertrauen zu Gott behalten und sich an ihn wenden können. Deshalb ist im Matthäusevangelium das Becherwort Jesu mit einem Zusatz versehen: »Das ist mein Blut des Bundes, das vergossen wird für viele *zur Vergebung der Sünden.*«

Was bedeutet die Formulierung »Blut *des Bundes*«?[57] Es ist die einzige Stelle in den Evangelien, in der Jesus diese Formulierung verwendet. Bisher hatte er sich nirgendwo zu dem Thema »Bund« geäußert, das im Judentum von grundlegender Bedeutung ist. Jetzt, im Vorfeld des Todes, äußerte er sich dazu. Was immer Jesus mit »Blut des Bundes« genau gemeint haben mag, ein »Bund« ist etwas Dauerhaftes.

---

56 Die hebräische Formulierung »für viele« meint unbegrenzt viele. In der hebräischen Sprache gab es die Formulierung »für alle« nicht. Anstelle dessen sagte man »für viele«.

57 Alle vier Abendmahlsberichte stimmen darin überein, dass Jesus im Zusammenhang mit dem Weiterreichen des Bechers von einem »Bund« gesprochen hat (vgl. Mk 14,24; Mt 26,28; Lk 22,20; 1 Kor 11,25). Die beiden letztgenannten Stellen sprechen sogar von einem »neuen Bund« (vgl. dazu Jer 31,31-34).

Will nicht jede Liebes- und Freundschaftsbeziehung dauerhaft sein? Auch Jesus hatte dieses Bedürfnis nach Dauer und wollte das seinen Jüngern zeigen. Dass er ausgerechnet am Vorabend seines Todes von einem »Bund« sprach, zeigt eine erstaunliche Zuversicht und Gewissheit. Die Proklamation eines Bundes in dieser Situation ist Zuversicht über den Tod hinaus. Der Tod wird diesen Bund nicht verhindern können. Jesus sah in seinem Tod einen entscheidenden Schritt auf dem Weg, auf dem Gott seine Verheißungen und Zusagen erfüllen wird. Durch seinen Tod hindurch wird Gott seine Treue erweisen und an sein Ziel kommen. Jesus war davon überzeugt, dass sein Blut nicht sinnlos und nicht umsonst fließen wird. Er barg sich und seinen Tod in die Bundeszusage Gottes, d.h. in Gottes Treue.

Die Zuversicht Jesu wird in dem letzten Wort, das aus jener Nacht überliefert worden ist, besonders deutlich: »Amen, ich sage euch: Ich werde nicht mehr vom Gewächs des Weinstocks trinken, bis zu jenem Tag, an dem ich von ihm aufs Neue trinken werde im Reich Gottes« (Mk 14,25).[58] Die Eröffnung eines Satzes mit »amén« ist typisch für Jesus und nirgendwo sonst im Judentum belegt.[59] Mit diesem Satzanfang kennzeichnete Jesus des öfteren besonders wichtige Erkenntnisse, die Gott ihm ermöglicht hat. Dieses prophetische Wort Jesu ist eine sehr persönliche Aussage. Sie spricht nur von seinem eigenen Schicksal, nicht von dem der Jünger. Jesus ging also davon aus, dass seine Jünger nicht in seinen Tod mit hineingezogen werden. Das Reich Gottes blieb der Orientierungspunkt Jesu, auch in der letzten Nacht. Er sah seinem Tod als Durchgang in das Reich Gottes entgegen. Die Formulierung: »Ich werde *nicht mehr* vom Gewächs des Weinstocks trinken« zeigt, dass etwas zu Ende geht, was für Jesus kennzeichnend war.

Doch nicht nur *die Worte* Jesu aus jener Nacht sind für die Feier des Abendmahls wichtig, sondern auch der *ganze Vorgang*, der sich zwischen ihm und seinen Jüngern abgespielt hat. Die Handlungsweise Jesu wird auffallend genau beschrieben. Jesus »nahm das Brot (1), sprach das Dankgebet (2), brach es (3), gab es ihnen (4) und sprach: ›Nehmt. Das ist mein Leib‹« (5). Die fünf Elemente dieser Handlung werden ausdrücklich genannt (genauso beim Weinbecher). Das

58 Auch dieser Satz ist breit bezeugt (vgl. Mt 26,29; Lk 22,16).

59 Das hebräische bzw. aramäische Wort »amen« bedeutet »gewiss«. Es wird als Bestätigungsformel in Gesprächen verwendet und *am Ende* von Gebeten oder Segenssprüchen.

macht deutlich, dass auch die Handlungsweise Jesu und das gesamte Arrangement wichtig ist. Jesus teilte etwas aus, an dem alle Anwesenden *gleichen Anteil* bekamen. Jeder bekam ein Stück des gleichen Brots und einen Schluck des gleichen Weins. Alle wurden auf dieselbe Weise in das Geschehen integriert. Das verband die Anwesenden untereinander in Gleichrangigkeit. Niemand wurde ausgeschlossen, auch Judas nicht. Judas war das gesamte Essen hindurch anwesend. Erst nach dem Abendessen verlässt er *von sich aus* die Jüngergemeinschaft. Das Abendmahl ist ein Geschehen unbedingter Akzeptanz, genauso wie die früheren Tischgemeinschaften Jesu. Man kann an vielen religiösen Zeremonien teilnehmen und sich dabei innerlich höher und besser einstufen als andere Teilnehmer. Beim Abendmahl geht das nicht. Eine solche Haltung widerspräche dem Sinn des Abendmahls. Deshalb widerspricht es auch dem Sinn des Abendmahls, wenn Menschen andere Menschen vom Abendmahl ausschließen.[60] In der Handlungsweise Jesu in jener letzten Nacht kommt, genauso wie in seinen früheren Tischgemeinschaften, ein Wille zur Integration, zur Akzeptanz und zur Gerechtigkeit zum Ausdruck. Wenn wir uns diesem Willen Jesu öffnen und anvertrauen, kann das Abendmahl – wie nichts anderes in der Welt – zu einer nicht versiegenden Quelle der Gerechtigkeit, des Friedens und der Versöhnung werden.

Im Abendmahl, das wir miteinander feiern werden, können wir hören und sehen, dass bei Gott alle Menschen unbedingt angenommen und gleich geachtet sind und dass Gott uns Menschen miteinander verbinden will. Diese Botschaft hat Jesus an seinem letzten Abend in zeichenhafter Klarheit und in »handgreiflicher« Form zum Ausdruck gebracht. So gewiss mir das Brot und der Kelch gereicht wird, so gewiss ich das Brot esse und den Wein trinke, *so gewiss* gilt mir persönlich die Zuwendung und die Treue Gottes. So gewiss sehe ich es auch bei allen anderen, die vom gleichen Brot essen und vom gleichen

60 Vom Abendmahl kann sich ein Mensch *nur selbst* ausschließen. Paulus sagt: »Jeder Mensch prüfe sich selbst« (1 Kor 11,28). Gemeint ist: jeder Teilnehmer des Abendmahls prüfe sich, ob er sich in seinen Gedanken oder äußerlich sichtbar über andere Menschen erhebt und damit andere Menschen diskriminiert. Eine solche Einstellung ist dem Abendmahl »nicht angemessen« (anaxios; 1 Kor 11,27). Leider wird das griechische Wort anaxios oft mit »unwürdig« übersetzt. Das führt zu falschen Schlussfolgerungen: als ob die Teilnahme am Abendmahl eine besondere Würde voraussetzt. Paulus geht es um das Gegenteil: wer sich arrogant und exklusiv über andere Menschen stellt, muss sich selbst prüfen, ob er am Abendmahl teilnehmen kann. Denn diese Haltung ist dem Sinn des Abendmahls nicht angemessen.

Wein trinken. Die Tischgemeinschaft Jesu, insbesondere seine letzte Tischgemeinschaft, ist das handgreifliche Pfand dieser Wahrheit. In diesem Sinn sind Sie alle eingeladen, am Abendmahl Jesu teilzunehmen. Sie können die Worte Jesu aus jener Nacht noch einmal für sich persönlich hören. Dieser Worte würdig ist keiner von uns. Niemand von uns hat die Teilnahme an diesem Mahl verdient. Wir sind alle Sünder. Aber gerade zu solchen ist er gekommen. »Für sie« hat er gelebt. »Für sie« ist er in den Tod gegangen. Diese Zuwendung ist das Geheimnis des Mannes aus Nazareth. Und diese Zuwendung ist das Göttliche an Gott. Von dieser Zuwendung leben wir alle. *Das* feiern wir jetzt.

• Abendmahlsfeier

Am Beginn dieser Abendmahlsfeier sollen Einleitungsworte stehen, die von der Zuwendungslust Jesu geprägt sind. Weiter sollen sie etwas widerspiegeln von den vielfachen und unterschiedlichsten Tischgemeinschaften, die das Leben Jesu geprägt haben.

• Einladungswort

Leben, das ist essen und trinken, das ist feiern und tanzen.
Leben, das ist einladen und eingeladen werden.
Leben, das ist am Tisch sitzen, das ist Brot reichen, das ist Gläser füllen.
Leben, das ist Unterhaltung mit Charme, Witz und Humor.
Leben, das ist auf einmal, ungeplant, in tiefe, ehrliche Gespräche fallen,
ohne Angst, ohne Konkurrenz, wo Menschlichkeit erfahren wird, pur.
Zu einem solchen Leben,
zu einem solchen Essen und Trinken,
zu einer solchen Leichtigkeit und Tiefe,
zu einer solchen göttlichen Menschlichkeit sind alle eingeladen,
egal, ob sie katholisch, orthodox, freikirchlich, außerkirchlich oder unkirchlich sind.

- *Brotwort*

Brot,
ein Wunder aus Erde,
Wasser und Sonne.
Leben auf der Zunge,
Brot des Lebens,
Widerstandskraft gegen den Tod.
Und,
so wir es teilen,
gewinnen wir Freunde,
Schwestern und Brüder.

- *Weinwort*

Wein,
ein Wunder aus Sonne,
Erde und Wasser.
Licht auf der Zunge,
Feuer in Geist und Herz,
Botschafter der Freude.
Und,
so wir ihn teilen,
knüpfen wir eine neue Verbindung
untereinander sowie zu einem menschenfreundlichen Gott.

- *Gebet*

Gott, wir danken dir für deinen Sohn, Jesus Christus,
bei dem Menschen am Tisch erfahren durften,
dass sie geliebte,
dass sie gewollte,
dass sie erwünschte Gotteskinder auf dieser Erde sind,
deren Leben gelingen soll.
Amen

- *Einsetzungsworte*

»Und in der Nacht, als seine Liebe der höchsten Belastungsprobe ausgesetzt war, saß er nochmals mit seinen Freunden zu Tisch. Er nahm das Brot in seine Hände, sprach ein Dankgebet, brach das Brot und teilte es aus an seine Freunde mit den Worten: »Nehmt und esst. Für euch wurde es gebrochen. Das Brot für euer Leben, zu eurer Stärkung. So, wie auch mein Leben für euch zur Nahrung war und ist, auf dass ihr mutig, gestärkt, selbstbewusst und freudig euer Leben gestalten könnt. Mein Leben euch zugute gebrochen.«

Dann nahm er auch den Wein, sprach wieder ein Dankgebet und sagte: »Dieser Wein verbindet euch neu. Er schafft Mitmenschlichkeit. Freude sollt ihr untereinander und voneinander haben. So wie Wein Freude stiftet, so sollt ihr einander Freude schenken. Mein Lebensblut, meine Lebenskraft ist dahin geflossen, euch zugute vergossen, auf dass ihr Zugang findet zum Weinstock des Lebens. Und alles, was euch von Gott trennen sollte, ist gestrichen, auf immer und ewig. Dafür stand und steht mein Leben.«

Esst und trinkt, von Jesus Christus eingeladen, Brot und Wein. Schmeckt und seht, wie freundlich Gott ist.

Hier kann das Mahl, wie in den Kirchengemeinden üblich, ausgeteilt werden. Intensiver wird die Feier, wenn ganze Brotstücke ausgeteilt oder z.B. von einem Fladenbrot abgebrochen werden und statt Wein Weintrauben oder Becher mit Saft oder Wein gereicht werden, die mehr als nur einen Schluck beinhalten. Während des Essens und Trinkens können die Teilnehmenden zur ungezwungenen Unterhaltung (zum Tischgespräch) eingeladen werden.

- **Liedtext**

Der Hunger aller Zeiten ist gestillt.
Denn heut vor unsern Augen unverhüllt,
die Sehnsucht aller Menschen sich erfüllt:
Gott und Mensch an einem Tisch vereint.

Wir spüren Gottes stille Gegenwart,
die sich in dieser Stunde offenbart,
in Brot und Wein geheimnisvoll bewahrt:
Gott und Mensch an einem Tisch vereint.

Freunde, Feinde, Fremde lädt er ein.
Hass und Feindschaft wird zu Ende sein.
Verlorene sich können bei ihm freun:
Gott und Mensch an einem Tisch vereint.

O komm, Gott Vater, sende deinen Geist,
der uns schon heute mit der Freude speist,
durch die dich unsre Stimme lobt und preist:
Gott und Mensch an einem Tisch vereint.

Geschwister, lauft in alle Welt hinaus
und ruft das große Fest der Freude aus!
Bringt alle Menschen mit ins Vaterhaus:
Gott und Mensch an einem Tisch vereint.

Gebet

Gott und Mensch an einem Tisch vereint.
O Gott, das ist ein Traum, ein Wahnsinnstraum.
Alles Trennende,
alles, was Menschen verfeindet,
alles, was Hass verursacht,
alles, was Klassen schafft,
alles, was Menschen nach oben und unten einteilt,
alles, was Menschen in arm und reich auseinander reißt,
alles, was Liebesbeziehungen zerstört,
ist zu Ende,
endgültig zu Ende
und man trifft sich bei dir, Gott,
zu einem großen, sinnenfrohen Fest.
Man setzt sich an den Tisch und strahlt sich an.
Keine Missgunst,
keine Konkurrenz mehr,
keine Eifersucht,
kein Neid,
nur noch Leben,
pures, erfülltes, lustvolles Leben,
bei dir am Tisch.
Für alle sind die Gläser gleich gefüllt mit Lebensfreude

und jeder/jede wird satt, lebenssatt.
Jesus Christus,
eine solche Vision muss dich erfüllt haben.
Alles, was Menschen voneinander und von Gott trennte,
war dir zuwider.
Deshalb deine vielfältige Tischgemeinschaft mit den
unterschiedlichsten Menschen.
Von dir ging die Atmosphäre aus, dass da nichts sein müsste,
was uns voneinander und von Gott trennt.
Guter Gott, lass uns, wie auch immer, wieder Anschluss finden
an den gemeinschaftsbildenden Geist Jesu.
Wahrhaft mitmenschlich lass uns werden.
Geschwisterlichkeit soll um sich greifen,
auf dass das Antlitz dieser Erde wieder schön werde.
Amen

• Segen

Zum Segen geben wir uns die Hände und sprechen gemeinsam den Segen, der zeilenweise von einer Person vorgesprochen wird.

Gott, bleibe bei uns ...
wie eine Mutter – wie ein Vater, ...
wie eine Schwester – wie ein Bruder, ...
wie ein Freund – wie eine Freundin, ...
wie der Geist, der in Christus zu Hause war ...
Gott begleite uns beim Kommen wie beim Gehen ...
Gott bewahre uns im Tun wie im Lassen ...
Gott belebe uns im Schaffen wie im Träumen ...
Gott behüte uns im Wachen wie im Schlafen ...
Gott segne unser Leben, unser Lieben, unser Arbeiten ...
Amen ...

Isaak Singers schönste Wintererzählung: »Zlateh die Geiß«

• Einstimmung

Chance der Bärenraupe, über die Straße zu kommen

Keine Chance. Sechs Meter Asphalt.
Zwanzig Autos in einer Minute.
Fünf Laster. Ein Schlepper. Ein Pferdefuhrwerk.

Die Bärenraupe weiß nichts von Autos.
Sie weiß nicht, wie breit der Asphalt ist.
Weiß nichts von Fußgängern, Radfahrern, Mopeds.

Die Bärenraupe weiß nur, dass jenseits Grün wächst.
Herrliches Grün, vermutlich fressbar.
Sie hat Lust auf Grün. Man müsste hinüber.

Keine Chance. Sechs Meter Asphalt.
Sie geht los. Geht los auf Stummelfüßen.
Zwanzig Autos in der Minute.

Geht los ohne Hast. Ohne Furcht. Ohne Taktik.
Fünf Laster. Ein Schlepper. Ein Pferdefuhrwerk.
Geht los und geht und geht und geht und kommt
An.

Rudolf Otto Wiemer

Und ob ich schon wanderte im finsteren Tal oder als Bärenraupe über eine deutsche Autobahn, so fürchte ich kein Unglück, denn du, Gott, bist bei mir ... So müsste man leben können, ohne Angst, ohne Furcht, nichts wissend von all den Bedrohungen des Lebens. Allein dem Lebenswillen, der Lust auf frisches Grün, folgend. Allein geschützt von dem, der will, dass wir leben.

• Gegenstandsmeditation mit einer Kerze

Hinweis für denjenigen, der die Meditation anleitet: Zünden Sie eine Kerze an ... versuchen Sie diese nach einer kurzen Zeit wieder ganz vorsichtig auszublasen, wobei Sie die Kerze ganz genau beobachten. Dann zünden Sie die Kerze wieder an und halten sie in Ihrer Hand, während Sie folgenden Text lesen:

Das kleine Lebenslicht der Bärenraupe war aufs Äußerste bedroht. Doch, es wurde beschützt. Sie, die Bärenraupe, ist noch einmal davongekommen. So, als wenn da eine Hand sich schützend um dieses kleine Lebenslicht gelegt hatte. Doch wie viel Lebenslichter unter uns Menschen sind schon erloschen beim lebendigen Leibe? Wie oft haben wir schon erfahren, dass unser Lebenslicht bedroht ist. Wie oft stand uns bereits ein Wind, ein Sturm, ein Orkan ins Gesicht, sodass unser Herz heftig anfing zu klopfen, vor Lebensangst – weil wir uns bedroht fühlten. In wieviel tote Augen sehen wir täglich. Augen, die nicht mehr strahlen. Augen, die keinen Glanz mehr haben. Augen, aus denen mal das Leben leuchtete, aus denen mal das Leben strahlte, als sie jung waren.

Wie ist das mit unserem Lebenslicht? Wird das nur einmal entzündet? Dort, wo wir hineingezeugt, hineingeboren wurden in diese Welt? Sind wir seitdem gnadenlos allein dafür verantwortlich, dass unser Lebenslicht am Brennen bleibt? Kleiner Vogel friss oder stirb, hast du Pech, dann hast du Pech gehabt, hast du Glück, dann hast du Glück gehabt. Der Kosmos ist kalt, der Kosmos kennt keine Liebe, der Kosmos kennt keine Hand, die schützt! Doch die alten biblischen Schreiber erzählen uns eine andere Geschichte. Die Geschichte von einem Gott, der um das Lebenslicht eines jeden einzelnen Menschen besorgt ist. Die Geschichte von einem Gott, der Hände hat, Hände, die sich schützend um unser Lebenslicht legen.

• Lichtritual

Alle Teilnehmer und Teilnehmerinnen erhalten eine noch nicht brennende Kerze, während im Veranstaltungsraum oder in der Kirche eine große Kerze (in einer gestalteten Mitte oder im Altarraum) brennt. In der Mitte oder im Altarraum müssen ausreichend Möglichkeiten gegeben sein, um die Kerzen der Teilnehmenden abstellen zu können. Im Raum selbst sollte es möglichst dunkel sein. Mit nachstehendem Text wird zu dem Lichtritual eingeladen.

Liebe Frauen, liebe Männer (liebe Freundinnen, liebe Freunde), jeder, jede von Ihnen hat eine Kerze erhalten, noch tot, noch nicht entzündet. Symbolisch sollen Sie jetzt nochmals Ihr Lebenslicht erhalten, als Geschenk, unverdient, frei, einfach so. Hier im Raum steht eine große Kerze, die das Licht Gottes symbolisieren soll. Ich werde jetzt mit dieser Kerze zu irgendjemandem von Ihnen kommen und dieser Person dieses Licht schenken. Und Sie schenken dieses Licht dann einfach weiter an eine Person in Ihrer Nähe.

Meditative Instrumentalmusik könnte dieses Ritual begleiten.

Nachdem alle Ihr Licht erhalten haben, bitte ich Sie, in Ihre Kerze zu schauen. Lassen Sie dieses Licht in Ihre Seele strahlen. Lassen Sie das Licht besonders in die dunklen Kammern Ihrer Seele strahlen, wo die Furcht, die Zweifel, die Angstdämonen zu Hause sind ... Denken Sie jetzt an all das, was Ihr Lebenslicht bereits bedrohen wollte, an all das, was Ihnen Mut und Freude am Leben rauben wollte, an das, was Sie gerade zur Zeit angreift, was Sie Kraft kostet, was Sie mutlos macht ... Denken Sie an den Wind, den Sturm, den Orkan, der Ihnen gerade ins Gesicht steht ... Sind es Krankheiten, sind es andere Menschen, die Sie bedrohen, Konflikte am Arbeitsplatz, Schule, Hochschule? Sind es tiefste Selbstzweifel, Depressionen, dunkle Gedanken, unbestimmte Ängste, Furcht vor Versagen, egal was, legen Sie all dies hinein in Ihre Kerze. Dazu nehmen wir uns eine Weile Zeit ...

Nun möchte ich Sie einladen, mit Ihrer Kerze, mit all dem, was Sie in sie hineingelegt haben, zur großen Kerze zu gehen, um sie dort abzustellen, so, als wenn Sie all das Bedrohliche bei Gott abgeben wollen.

Zum Abstellen der Kerzen genügend Zeit geben.

Gebet

Guter Gott, du weißt von all dem,
was hier bei der großen Kerze abgelegt, abgestellt wurde.
Du kennst all das Bedrohliche,
all das, was unser Lebenslicht angreift,
all das, was den Glanz unserer Augen stiehlt.
Lass all dies Bedrohliche seine Kraft
und Macht verlieren.
Leg deine schützenden Hände
um jedes Lebenslicht hier in diesem Raum.
Lass jeden Einzelnen erfahren,
dass du wie ein göttlicher Bodyguard
stets schützend an unserer Seite stehst.
Unsere Augen sollen heute heller werden,
darum bitten wir dich,
du Gott des Lichtes.
Amen

Erzählung
»Zlateh die Geiß«, die schönste Wintererzählung Isaak Singers
(Für das mündliche Erzählen bearbeitet von Siegfried Zimmer)

Zur Einführung:

Die Geschichte, die ich erzählen werde, stammt von dem jüdischen Schriftsteller Isaak Singer (1904-1991). Im Jahr 1935 emigrierte Singer aus Polen in die USA. 1978 erhielt er den Nobelpreis für Literatur. Seine Erzählung »Zlateh die Geiß« spielt in der Zeit zwischen dem Ersten und Zweiten Weltkrieg in Galizien, das heute teilweise zu Polen, teilweise zur Ukraine gehört. Wir befinden uns in einem der zahlreichen galizischen Dörfer mit jüdischer Bevölkerung, kurz vor dem jüdischen Chanukka-Fest.

Das achttägige Chanukka-Fest (Einweihungsfest) wird im Dezember gefeiert. Es erinnert an die Neueinweihung des Jerusalemer Tempels im Jahr 165 v. Chr. In diesem Jahr hatten die jüdischen Aufständischen (»Makkabäer«) den Tempel von den Seleukiden zurückerobert, die ihn durch heidnische Gebräuche entweiht hatten. An jedem Abend des Chanukka-Fests zündet man in den jüdischen Familien zur Erinnerung an dieses Ereignis eine (weitere) Kerze am achtarmigen Chanukka-Leuchter an. Ähnlich unserem Weihnachtsfest ist das Chanukka-Fest ein Lichter- und Familienfest, an dem die Kinder Geschenke erhalten. Zu den typischen Bräuchen des Chanukka-Fests gehört das Glückskreiselspiel. Es wird mit einem vierseitigen Kreisel (»Dreidl«) gespielt. Auf jede Seite des Kreisels ist ein hebräischer Buchstaben gemalt. Zu den beliebten Speisen des Chanukka-Fests gehört der Kartoffelpfannkuchen (»Lattkes«) und der in Öl gebratene und lasierte Karpfen.

Isaak Singer schrieb diese Erzählung in jiddischer Sprache. Die deutsche Übersetzung erschien 1968. Ich habe diese Übersetzung für das *mündliche* Erzählen leicht überarbeitet (Satzlängen gekürzt, das Deutsch an einigen Stellen erleichtert, verdeutlicht und modernisiert). Die Erzählung von Isaak Singer ist heute in einer preiswerten Taschenbuchausgabe erhältlich.

Die Erzählung:

Zur Chanukka-Zeit war die Straße vom Dorf in die Stadt normalerweise mit Schnee bedeckt. Doch in diesem Jahr war der Winter bisher mild gewesen. Chanukka kam näher, aber nur wenig Schnee war gefallen. Meistens schien die Sonne. Die Bauern klagten, weil das Wintergetreide bei diesem trockenen Wetter nur eine magere Ernte versprach.

Für Ruben, den Pelzhändler, war das natürlich eine schlechte Zeit. Nach langem Zögern entschloss er sich, Zlateh, die Geiß, zu verkaufen. Sie war alt und gab nur noch wenig Milch. Der Stadtmetzger Feivl hatte acht Gulden für sie geboten. Für diese Summe konnte man Chanukka-Kerzen kaufen, Kartoffeln und Öl für die Pfannkuchen, Geschenke für die Kinder und andere Dinge, die zu den Feiertagen im Hause nötig sind. Ruben befahl seinem ältesten Sohn Aaron, die Geiß in die Stadt zu bringen. Aaron verstand, was es bedeutete, die Geiß zu Metzger Feivl zu bringen. Aber er gehorchte seinem Vater. Leah, seine Mutter, wischte sich die Tränen vom Gesicht, als sie die Neuigkeit hörte. Aarons jüngere Schwestern, Anna und Mirjam, weinten laut. Aaron zog seine gesteppte Jacke an und setzte die Mütze mit den Ohrenklappen auf. Dann band er einen Strick um Zlatehs Hals und steckte zwei Käsebrote ein. Aaron sollte die Geiß abends abliefern, die Nacht über bei den Metzgersleuten bleiben und am nächsten Tag mit dem Geld zurückkommen.

Während sich die Familie von der Geiß verabschiedete und Aaron den Strick an ihrem Hals zurechtrückte, stand Zlateh geduldig und gutmütig da wie immer. Sie leckte Ruben die Hand. Sie schüttelte ihren dünnen, weißen Bart. Zlateh vertraute den Menschen. Sie wusste, dass sie immer gefüttert wurde und man ihr niemals etwas zuleide tat.

Als Aaron sie auf die Straße zur Stadt brachte, schien sie allerdings etwas erstaunt zu sein. Sie war nie zuvor in diese Richtung geführt worden. Fragend schaute sie ihn an, als wollte sie sagen: »Wohin führst du mich?« Aber dann war sie wohl zu dem Ergebnis gekommen, dass eine Geiß keine Fragen stellen sollte. Dennoch, dieser Weg war anders als die gewohnten. Sie kamen an Feldern, Weiden und strohbedeckten Hütten vorbei, die sie noch nicht gesehen hatte. Ab und zu bellte ein Hund und rannte hinter ihnen her. Aber Aaron verjagte ihn mit seinem Stock.

Die Sonne schien, als Aaron und Zlateh das Dorf verlassen hatten. Aber plötzlich änderte sich das Wetter. Eine große, schwarze Wolke, blau in der Mitte, zog von Osten auf. Sie breitete sich rasch über den ganzen Himmel aus. Ein kalter Wind begann zu wehen. Die Krähen flogen tief und krächzend. Zuerst sah es so aus, als wollte es regnen, aber dann fing es wie im Sommer zu hageln an. Es war noch früh am Tag, aber es wurde dunkel wie zur Dämmerung und nach einer Weile löste Schnee den Hagel ab.

Aaron hatte in seinen zwölf Jahren schon jedes Wetter gesehen, aber einen Schneefall wie diesen hatte er noch nicht erlebt. Die Schneeflocken fielen so dicht, dass das Tageslicht verlöschte. Nach kurzer Zeit war der Weg völlig bedeckt und der Wind wurde eisig. Die Straße zur Stadt war schmal und voller Windungen. Aaron wusste nicht mehr, wo er war. Er konnte durch den fallenden Schnee nicht hindurchschauen. Die Kälte fing an, durch seine gesteppte Jacke zu dringen.

Zuerst schien Zlateh den Wetterwechsel nicht zu beachten. Auch sie war zwölf Jahre alt und wusste, was Winter bedeutet. Aber als ihre Beine immer tiefer und tiefer im Schnee einsanken, drehte sie ihren Kopf und schaute Aaron verwundert an. Ihre Augen schienen zu fragen: »Warum sind wir bei so einem Sturm draußen?« Aaron hoffte, dass ein Bauer mit seinem Marktwagen daherkäme, aber es kam keiner.

Der Schnee fiel noch dichter in großen Flocken auf den Boden. Aaron spürte unter seinen Stiefeln weiches, gepflügtes Feld. Er merkte, dass er vom Weg abgekommen war. Er konnte weder Osten feststellen noch Westen, weder wo das Dorf lag, noch wo die Stadt. Der Wind pfiff und heulte und trieb den Schnee in Wirbeln umher. Es sah aus, als ob weiße Kobolde über den Feldern Fangen spielten. Zlateh stand still. Sie konnte nicht mehr gehen. Widerspenstig stemmte sie ihre gespaltenen Hufe in den Boden und meckerte, als ob sie darum bitten wollte, nach Hause geführt zu werden. Eiszapfen hingen von ihrem weißen Bart herunter, und ihre Hörner glänzten vom Eis.

Aaron wollte die Gefahr nicht zugeben, aber er wusste, dass sie erfrieren würden, wenn sie keinen Unterschlupf fanden. Das war kein gewöhnlicher Sturm. Das war ein Blizzard, der schlimmste aller Schneestürme. Der Schnee reichte ihm schon bis zu den Knien. Seine Hände waren klamm und seine Zehen konnte er nicht mehr spüren. Wie Holz fühlte sich seine Nase an, und er rieb sie mit Schnee ein. Zlatehs Meckern hörte sich jetzt wie Weinen an. Die Menschen, denen sie so sehr vertraut hatte, haben sie in eine Falle geführt.

Aaron begann zu Gott zu beten, für sich selbst und für das unschuldige Tier. – Plötzlich erkannte er vor sich die Form eines Hügels. Was das wohl sein konnte? Wer hatte den Schnee zu einem so riesigen Haufen aufgetürmt? Zlateh hinter sich her zerrend ging Aaron darauf zu. Als er näher kam, sah er: es war ein großer Heuhaufen, den der Schnee zugedeckt hatte.

Aaron begriff sofort, dass sie gerettet waren. Unter großer Anstrengung grub er sich einen Weg durch den Schnee. Er war ein Dorfjunge und wusste, was zu tun war. Als er – durch den Schnee hindurch – das Heu erreicht hatte, höhlte er ein großes Nest aus für sich und die Geiß. Aaron schob Zlateh in das Nest hinein und folgte ihr. Wie kalt es draußen auch sein mag, im Heu ist es immer warm. Und Heu war Futter für Zlateh. Kaum hatte sie es gerochen, war sie zufrieden und begann zu fressen. Draußen fiel weiter Schnee. Er deckte den Durchgang bald wieder zu, den Aaron geschaffen hatte. Aber ein Junge und ein Tier müssen atmen, und es war kaum mehr Luft in ihrem Versteck. Da bohrte Aaron eine Art Fenster durch den Schnee und hielt es sorgfältig frei. Nachdem Zlateh sich satt gegessen hatte, setzte sie sich auf die Hinterbeine. Sie schien ihr Vertrauen in die Menschheit wiedergewonnen zu haben. Aaron aß seine zwei Käsebrote. Aber nach dieser mühsamen Reise war er noch immer hungrig. Er schaute Zlateh an und bemerkte, dass ihre Euter voll waren. Er legte sich so neben sie hin, dass er sich die Milch in den Mund melken konnte. Die Milch war fett und schmeckte süß. Zlateh war es zwar nicht gewohnt, auf diese Weise gemolken zu werden, aber sie wehrte sich nicht. Im Gegenteil, sie schien Aaron dafür belohnen zu wollen, dass er sie in einen Unterschlupf geführt hatte, dessen Wände, Boden und Decke aus lauter Futter für sie bestand.

Durch das Loch konnte Aaron einen Blick nach draußen werfen. Der Wind trieb Schneeschauer vorbei. Es war stockdunkel, und er wusste nicht, ob es schon Nacht geworden war oder ob der Schneesturm die Dunkelheit verursachte. Gott sei Dank war es im Heu nicht kalt. Das getrocknete Heu und die Feldblumen strömten noch die Wärme der Sommersonne aus. Zlateh fraß in einem fort. Sie knabberte oben und unten, links und rechts. Ihr Körper gab Wärme ab, und Aaron kuschelte sich eng an sie. Er hatte Zlateh schon immer gern gehabt, aber jetzt war sie ihm wie eine Schwester.

Aaron war allein, abgeschnitten von seiner Familie. Er wollte reden. So sprach er mit Zlateh:

»Zlateh, was meinst du, was aus uns werden wird?«, fragte er sie.

»Mäh«, antwortete Zlateh.

»Wenn wir den Heuhaufen nicht gefunden hätten, wären wir beide jetzt schon steif gefroren«, sagte Aaron.

»Mäh«, antwortete Zlateh.

»Wenn es weiter so schneit wie jetzt, müssen wir tagelang hier bleiben«, erklärte Aaron.

»Mäh«, meckerte die Geiß.

»Was bedeutet ›Mäh‹?«, fragte Aaron. »Du solltest deutlicher sprechen.«

»Mäh, mäh«, war die Antwort der Geiß.

»Gut, lassen wir's bei ›Mäh‹«, sagte Aaron freundlich. »Du kannst nicht sprechen, aber ich weiß, du verstehst mich, stimmt's?«

»Mäh.«

Aaron wurde schläfrig. Er machte sich aus Heu ein Kissen, legte den Kopf darauf und schlummerte ein. Zlateh schlief auch.

Als Aaron die Augen öffnete, wusste er nicht, ob es Morgen oder Nacht war. Der Schnee hatte sein Fenster verstopft. Er versuchte es freizulegen, aber auch als er seinen Arm ganz hineingebohrt hatte, war er noch immer nicht draußen angelangt. Glücklicherweise hatte er seinen Stock bei sich und konnte so durch den Schnee durchstoßen und das Fenster wieder öffnen. Draußen war es dunkel. Schnee fiel, und der Wind heulte. Es klang wie Gelächter. Zlateh wachte auch auf, und als Aaron sie begrüßte, antwortete sie: »Mäh«. Ja, Zlatehs Sprache bestand nur aus einem Wort, aber das konnte so vieles bedeuten. Jetzt sagte sie: »Weißt du, wir müssen alles annehmen, was Gott uns gibt: Hitze und Kälte, Licht und Dunkelheit.« Aaron war hungrig aufgewacht. Er hatte zwar keine Brote mehr, aber Zlateh gab ihm noch viel Milch.

Drei Tage lebten Aaron und Zlateh in dem Heuhaufen. Aaron hatte Zlateh schon immer gern gehabt, aber in diesen drei Tagen gewann er sie lieb. Sie nährte ihn mit ihrer Milch und half ihm, warm zu bleiben. Sie ermutigte ihn mit ihrer Geduld. Und er erzählte ihr viele Geschichten, und immer spitzte sie die Ohren und hörte zu. Wenn er sie streichelte, leckte sie ihm Gesicht und Hände. Dann sagte sie »Mäh«. Und er wusste, das bedeutete: »Ich hab' dich lieb.«

Drei Tage fiel der Schnee, wenn auch nach den ersten beiden Tagen nicht mehr so dicht. Und der Wind hatte sich gelegt. Manchmal war es Aaron, als habe es niemals einen Sommer gegeben, als sei schon immer Schnee gefallen, solange er sich erinnern konnte. Er hätte niemals Vater und Mutter gehabt. Er wäre ein Schneekind, vom Schnee geboren, und Zlateh auch. Im Heu war es so ruhig, dass die Stille in seinen Ohren brauste. Aaron und Zlateh schliefen die ganze Nacht und einen guten Teil des Tages. In Aarons Träumen war immer schönes Wetter. Er träumte von grünen Feldern, blühenden Bäumen, klaren Bächen und singenden Vögeln. In der dritten Nacht hörte es zu schneien auf. Aber Aaron wagte es nicht, in der Dunkelheit den Weg nach Hause zu suchen. Der Himmel wurde klar. Der Mond schien und warf silberne Netze über den Schnee. Aaron grub sich aus und schaute sich die Welt an. Alles war weiß und ruhig und träumte. Groß und nah waren die Sterne. Und der Mond schwamm am Himmel wie in einem See.

Am Morgen des vierten Tages hörte Aaron das Klingeln von Schlittenglocken. Der Heuhaufen lag nicht weit von der Straße. Der Bauer, der den Schlitten fuhr, zeigte ihm den Weg – nicht in die Stadt zu Metzger Feivl, sondern heim ins Dorf. Aaron hatte im Heuhaufen beschlossen, sich niemals mehr von Zlateh zu trennen.

Aarons Familie und die Nachbarn hatten nach ihm und der Geiß gesucht, aber im Sturm war keine Spur von ihnen zu finden. Sie fürchteten, dass sie verloren waren. Aarons Mutter und seine Schwestern beweinten ihn. Sein Vater blieb still und traurig. Plötzlich kam einer der Nachbarn mit der Nachricht gerannt: »Aaron und Zlateh kommen die Straße herauf!«

Große Freude herrschte in der Familie. Aaron erzählte ihnen, wie er den Heuhaufen gefunden und wie Zlateh ihn mit ihrer Milch genährt hatte. Aarons Schwestern küssten und umarmten Zlateh. Sie gaben ihr etwas ganz besonders Gutes zu fressen: geschnitzelte Rüben und Kartoffelschalen. Und Zlateh verschlang sie hungrig.

Niemand dachte jemals wieder daran, Zlateh zu verkaufen. Und jetzt, da das kalte Wetter endgültig gekommen war, brauchten die Dorfleute auch wieder die Dienste des Pelzhändlers Ruben. Als Chanukka kam, konnte Aarons Mutter jeden Abend Pfannkuchen backen, und Zlateh bekam auch ihren Teil. Obwohl Zlateh ihren eigenen Stall hatte, kam sie oft in die Küche. Sie klopfte dann mit ihren Hörnern an die Tür, um anzumelden, dass sie einen Besuch machen wollte. Und sie wurde immer hereingelassen. An den Abenden spielten Aaron, Mirjam und Anna das Glückskreiselspiel. Zlateh lag neben ihnen am Ofen. Sie beobachtete die Kinder und das Flackern der Chanukka-Kerzen.

Manchmal fragte dann Aaron: »Zlateh, weißt du noch, die Tage, die wir zusammen im Heuhaufen waren?«

Und Zlateh kratzte sich dann mit einem Horn den Hals, schüttelte den weißbärtigen Kopf und meckerte ihr »Mäh«. Und dieses eine Wort drückte alle ihre Gedanken aus und ihre ganze Liebe.

Interpretation der Erzählung im Kontext eines christlichen Adventsgottesdienstes:

Im Zentrum dieses christlichen Adventsgottesdienstes steht die Erzählung eines jüdischen Schriftstellers. Wir haben uns bewusst zu einer solchen Gestaltung des Adventsgottesdienstes entschlossen, weil wir es gut finden, wenn Christen und Juden zueinander finden und ihre Hoffnung gemeinsam feiern.

Nach seiner Rückkehr ins Dorf erzählte Aaron, was er erlebt hatte. Er erzählte als ein *Entronnener*. Das Erzählen derer, die einer Gefahr entronnen sind, gehört zu den Grundformen des Erzählens. Vielleicht ist es auch die intensivste Form. Das gilt insbesondere für das Judentum. Die Erfahrung des Entronnenseins gehört zu den grundlegenden Erfahrungen in der jüdischen Bibel, die wir »Altes Testament«

nennen. Das Eigentümliche am Entrinnen ist, dass es dabei nicht allein auf die eigene Kraft ankommt. Obwohl ich in der Gefahr alles tue, was mir möglich ist – Aaron gräbt ein Nest für sich und die Geiß, er hält ein Fenster offen – muss mir das Entscheidende geschenkt werden: der Heuhaufen auf dem Weg, das Ende des Blizzards.

Die Hebräer, die am Anfang der Geschichte Israels stehen (vgl. Ex 1-20), verstanden sich als »Entronnene« aus dem ägyptischen Frondienst. Darin gründete ihre Identität. Sie waren entronnen durch sumpfiges Gelände im Nildelta und vor allem – in auswegloser Situation – dank dem Wunder am Schilfmeer. So entkamen sie der ägyptischen Militäreinheit, die die Fliehenden fast eingeholt hatte. Aus diesem Entronnensein entstand Israel. Mit der Erfahrung des Entronnenseins fing die Geschichte einer großen Hoffnung an. Die Hebräer sagten sich: der Gott, der uns aus dem Frondienst in Ägypten gerettet hat, der wird uns auch in Zukunft beistehen. Er wird uns nicht verloren gehen lassen. Er ist noch für manche Überraschung gut. Die Errettung aus Ägypten war nur der Anfang.

Die jüdische Bibel enthält zahlreiche weitere Erzählungen der Errettung aus der Gefahr. Lot und Isaak sind ebenfalls Entronnene (vgl. Gen 14,1-16; 19,1-29; 22,1-19). Auch bei den Knechten, die Hiob von den Katastrophen erzählten, handelt es sich um Entronnene (vgl. Hi 1-2). Bevor der Hirtenjunge David dem Riesen Goliat gegenübertrat, sagte er zu König Saul: »Der Gott, der mich aus den Krallen der Löwen und Bären errettete, der wird mich auch vor diesem Philister erretten.« (vgl. 1 Sam 17,34). Nach der Judenvernichtung durch die Nationalsozialisten, sagten jüdische Überlebende: »Wir sind entronnen, damit wir der Welt erzählen, was geschehen ist« (Elie Wiesel). Entronnene erzählen anders als Zuschauer oder Kommentatoren. Stellen sie sich vor, in den Nachrichtensendungen der Fernsehanstalten würden Entronnene von den Unglücksfällen und Katastrophen erzählen. Der Unterschied zu den Nachrichtensprechern wäre enorm und die Wirkung eine andere.

»Gefahr und Errettung« ist auch das Thema der biblischen Adventshoffnung. Diese Hoffnung richtet sich auf den Advent Gottes, d.h. auf sein Kommen zu den Menschen und zur Welt. Dieser Advent Gottes ist das zentrale Thema der Bibel, sowohl des Alten Testaments als auch des Neuen Testaments. Die Hoffnung auf das Kommen Gottes verbindet Juden und Christen. Die Alte Kirche hat bei ihrer Einteilung des Kirchenjahrs das Thema »Advent« bewusst an den Anfang gerückt, weil es das wichtigste Thema der Bibel ist. Ihm gebührt der erste Platz vor allen kirchlichen Festen. *Alle* kirchlichen Feste sollen in der Adventsperspektive erlebt und gedeutet werden. Die Adventszeit war ursprünglich keineswegs nur eine Vorbereitungszeit auf das Weihnachtsfest. Sie war in ihrer Bedeutung nicht nur auf das Weihnachtsfest ausgerichtet. Die enge Verknüpfung von Adventszeit und Weihnachtszeit entstand erst im 19. Jahrhundert, als die volkskirchliche Frömmigkeit das Weihnachtsfest zum wichtigsten Fest der Christenheit machte. Bis dahin waren Karfreitag, Ostern und Pfingsten die wichtigsten Feste der Christenheit. Erst an vierter Stelle kam das Weihnachtsfest. Das ist theologisch auch richtig so. Die Geburt Jesu wird nur wichtig aufgrund von Karfreitag, Ostern und Pfingsten. Hätte es keinen Karfreitag, kein Ostern und kein Pfingsten gegeben, wäre die Geburt Jesu kein wichtiges Ereignis. Anders verhält es sich dagegen mit dem Thema »Advent«. Dieses Thema gibt allen Festen der Christenheit ihre Ausrichtung, auch Karfreitag, Ostern und Pfingsten. Diese Feste sind Ausdruck einer adventlichen Hoffnung. Sie begründen unsere Hoffnung auf das Kommen Gottes. Sie sind das »Pfand« unserer Hoffnung (vgl. 2 Kor 1,22; 5,5).

So hoffen Christen und Juden auf den großen Advent, an dem Gott endgültig zu uns kommt und bei uns bleibt. Wir hoffen auf eine neue Erde, in der Gerechtigkeit und Frieden wohnt, in der Leid und Schmerz, Gefahr und Tod überwunden sind. Wir hoffen auf das Kommen Gottes, der den Opfern und den Toten eine Zukunft gibt. Die adventliche Hoffnung besagt für Juden und Christen: die Gefahr, das Leid, das Sinnlose und der Tod haben nicht das letzte Wort. Wenn Gott kommt, dann werden wir endgültig Entronnene sein. Dann werden wir sein wie die Träumenden. »Das Volk, das im Dunkeln lebt, sieht ein großes Licht. Für alle, die im Land der Finsternis wohnen, leuchtet ein Licht auf« (Jes 9,1-2). Das ist die Adventshoffnung für uns alle. Wir sollen und wir werden dieses Licht am Ende des Tunnels sehen und aufatmen – als Entronnene.

Gebet

Du, der du wohnst in unzugänglichem Licht,
den kein Auge gesehen und kein Ohr je gehört hat.
Du, der im Anfang unseres Anfangs
wie eine Taube gebrütet hat
über den dunklen Wassern des Chaos.
Du, der gesprochen hat: »Licht«!
– und es ward Licht.
Du, der uns hineingestellt hat
in den wechselnden Rhythmus
von Tag und Nacht,
von Sonne und Mondzyklen.
Du, der den Regenbogen in die Wolken gestellt hat
als Zeichen des Bundes:
Gebrochenes Licht, das uns staunen lässt
über das bunte Farbenspektrum deiner Schöpfung.
Du, der in finsterer Nacht eine schwarze Ameise
auf einem schwarzen Stein sieht,
der du einen Blick hast für alle,
die »in Finsternis und Todesschatten hocken«.
Du hast die Funken deines Geistes
überall versprüht auf dieser Erde,
zu allen Zeiten, in allen Kontinenten,
in allen Kulturen und Religionen.
Immer wieder hast du Seher und Propheten gerufen,
Männer und Frauen, die weiterblicken
als wir Kurzsichtigen und Blinden.
Auch in Zeiten größter Finsternis
haben sie das Licht der Hoffnung
nicht ganz verlöschen lassen in unseren Herzen.
Und als »deine Stunde gekommen war«,
hast du Jesus gerufen, den Sohn der Miriam.
Hast ihn so erfüllt mit deinem Licht,
mit deinem Wesen, mit deinem Geist,
dass er von sich sagen konnte: »Ich bin das Licht der Welt!«
Und die Menschen in seiner Umgebung haben gespürt,
dass von ihm etwas ausstrahlte von anderer Art,
als sie es bisher kannten.

Wie ein Vulkan brach es aus ihm heraus mit Vollmacht:
»Feuer auf die Erde zu werfen, bin ich gekommen.
Und ich wünschte, es loderte hell!«
Und zugleich war seine Aura von zärtlicher Wärme
für alle, die frieren und ins Abseits gedrängt wurden.
In ihnen verstand er,
die Glut unter der Asche wieder zu wecken.

Er lädt uns ein, uns anstecken zu lassen von seinem Feuer
um sein Licht weiterzureichen wie eine Lichterkette.
Er lädt uns ein zum Vertrauen,
dass die Kräfte der Finsternis nicht stärker sind
als die Kraft des Lichtes.
Amen

Segen

Gott sei vor dir,
um dir den rechten Weg zu zeigen
Gott sei neben dir,
um dich in die Arme zu schließen,
um dich zu schützen gegen Gefahren.
Gott sei hinter dir,
um dich aufzufangen, wenn du fällst.
Gott sei in dir,
um dich zu trösten, wenn du traurig bist.
Gott sei um dich herum,
um dich zu verteidigen,
wenn andere über dich herfallen.
Gott sei über dir,
um dich zu segnen.
So segne dich Gott,
heute, morgen und allezeit.
Amen

(Nach einem irischen Segen)

Quellenverzeichnis

S. 13 Anthony de Mello, Zeiten des Glücks. Herder/Spektrum Bd. 5052. Verlag Herder, Freiburg 2000

S. 14/15 Orangenmeditation in Anlehnung an: »Höher als die Berge, tiefer als das Meer«, Klaus W. Vopel, iskopress, Salzhausen, 1997, Seite 33

S. 30/31 Segen in Anlehnung an einen Segenstext von Hanna Strack: »Segen – Herberge in unwirtlicher Zeit«, Magdalena Verlag, Zorneding, 1993, Seite 35

S. 32 Karl Valentin, »Schamgefühl«, Auszug aus: Monologe und Geschichten. Aus: ders., Gesammelte Werke in einem Band. © Piper Verlag GmbH, München 1985

S. 33 »Ottokar hat Segelohren«, Text: Volker Ludwig, aus: GRIPS-Liederbuch, Alexander Verlag Berlin 1999

S. 33-35 Fantasiereise in leichter Anlehnung an Klaus Vopels Fantasiereise »Mein Gesicht« in »Lust am Leben«, iskopress, Salzhausen, 1996

S. 49 Gottfried Benn, Epilog (V), aus: Gottfried Benn, Sämtliche Gedichte. Klett Cotta, Stuttgart 1998

S. 54 Anthony de Mello, Wer bringt das Pferd zum Fliegen? Herder/Spektrum Bd. 4963. Verlag Herder, Freiburg 9. Auflage 2000

S. 55 und 57/58 Michel Quoist, Herr, da bin ich, Verlag Styria, Graz 1970

S. 104 Erich Fried, aus: Befreiung von der Flucht. © Claassen Verlag

S. 106 Max Ernst, Die Jungfrau züchtigt das Jesuskind © VG Bild-Kunst, Bonn 2001

S. 113 und 124 Günter Eich, aus: Gesammelte Werke, Bd. II, Die Hörspiele 1 © Suhrkamp Verlag Frankfurt am Main 1973

S. 128 Anthony de Mello, Wer bringt das Pferd zum Fliegen? Herder/Spektrum Bd. 4963. Verlag Herder, Freiburg 9. Auflage 2000 (Text leicht verändert)

S. 153/154 Lied »Gott und Mensch an einem Tisch vereint«. Originaltitel: God and man at table are sat down, Text & Melodie: Robert Stamps, Deutsch: Ursel Schreiber © Dawntreader Music / EMICMP, Rechte für Europa: Universal Songs, Holland. Used by permission. (Text an einigen Stellen bearbeitet von G. Schützler)

S. 156 Rudolf Otto Wiemer, Chance der Bärenraupe, über die Straße zu kommen, © J. F. Steinkopf Verlag Stuttgart/Kiel

S. 168/169 aus: Hermann J. Coenen »Hochgebete mit anderen Worten«, Sonderheft zur Reihe »Die Botschaft heute« © Bergmoser + Höller Verlag, Aachen

Abkürzungen der biblischen Bücher in alphabetischer Reihenfolge

Am	Amos
Apg	Apostelgeschichte
1 Chron	1. Chronik
2 Chron	2. Chronik
Dtn	Deuteronomium (5. Mose)
Ex	Exodus (2. Mose)
Gal	Galater
Gen	Genesis (1. Mose)
Hes	Hesekiel
Hi	Hiob
Hos	Hosea
Jer	Jeremia
Jes	Jesaja
Joh	Johannes
1 Kön	1. Könige
2 Kön	2. Könige
1 Kor	1. Korinther
2 Kor	2. Korinther
Lev	Levitikus (3. Mose)
Lk	Lukas
Mk	Markus
Mt	Matthäus
Num	Numeri (4. Mose)
Pred	Prediger
Ps	Psalm(en)
Ri	Richter
Röm	Römer
Sach	Sacharja
1 Sam	1. Samuel
2 Sam	2. Samuel
Sir	Sirach
Spr	Sprüche

Die Deutsche Bibliothek – CIP-Einheitsaufnahme
Ein Titeldatensatz für diese Publikation ist bei
Der Deutschen Bibliothek erhältlich

1 2 3 4 5 05 04 03 02 01

Ein Unternehmen der Verlagsgruppe Dornier
Postfach 80 06 69, 70506 Stuttgart, Telefon 0711-788030
Sie erreichen uns rund um die Uhr unter www.kreuzverlag.de
Umschlaggestaltung: Atelier Reichert, Stuttgart
Umschlagbild: Thomas Schlegel
Autorenfoto S. Zimmer: Fotoatelier Füßinger
Satz: Rund ums Buch – Rudi Kern, Kirchheim/Teck
Druck und Verarbeitung: W. Röck, Weinsberg
Die Schreibweise entspricht den Regeln der neuen Rechtschreibung.

ISBN 3-7831-1983-9